Für
dein
Foto

ILONA EINWOHLT

REGINA KEHN

ZUM EINTRAGEN, KRITZELN, SCHREIBEN, INFORMIEREN
MIT GESCHICHTEN UND TIPPS ZUM MITMACHEN UND MUT MACHEN

CARLSEN

INHALTSVERZEICHNIS

3. KÜHLER KOPF – ORGANISATORISCHES & RECHTLICHES

4. ZUKUNFTSSTARK & SELBSTBEWUSST

Glückwunsch, du bist ein Trennungskind!

Sorry, ich fang noch mal an: **SCHEISSE. AUA. MIST. KACKE.** Deine Eltern trennen sich, einer will ausziehen oder ist schon ausgezogen, sie wollen sich scheiden lassen. **DOOF!** Nie wieder gemeinsam frühstücken, gemeinsam Urlaub machen, gemeinsam singen unterm Weihnachtsbaum, keine Kuschelzeit auf dem Sofa. Euch als Familie zu dritt, zu viert, zu fünft gibt es so nicht mehr.

Wenn eine Familie aus welchen Gründen auch immer auseinanderbricht, ist es immer traurig. Da gibt es erst mal wenig Trost und schönzureden. Außer vielleicht: **DU SCHAFFST DAS!** Und ganz bestimmt viel besser, als du in diesem Moment denkst. Eines Tages hast du dich an den neuen Zustand gewöhnt. Hast ganz viel dazugelernt und bist dadurch viel stärker und selbstbewusster als davor.

Wir haben dieses Buch ausgedacht, geschrieben und illustriert, damit es dir als Trennungskind besser geht. Denn wenn sich Eltern trennen, musst du als Kind da durch! Und das ist ohne Frage ganz schön anstrengend. Auch wenn hinterher Streit und böse Worte endlich aufhören.

Wenn du möchtest, hilft dir dieses Buch dabei, dich nicht so alleine zu fühlen mit allem. Du findest viele Vorschläge, Gedanken und Ideen, wie du mit dem ganzen Trennungskrams besser umgehen kannst. Es gibt Antworten auf komplizierte Fragen, viele Tipps zum Klarkommen und Raum, um alles aufzuschreiben und zu malen, was *dich* bewegt. Denn jede Scheidung, jede Trennung ist für jedes Kind anders, dich gibt es ja auch nur einmal auf der Welt. Trotzdem bist du mit deiner Situation nicht alleine! So wie dir geht es unzähligen Kindern auf der Welt.

Du kannst in diesem Buch ankreuzen, ausfüllen und aufschreiben, wann und wie es dir gefällt. **ES IST DEIN BUCH! NIEMAND DARF DARIN GEGEN DEINEN WILLEN LESEN!** Am besten versteckst du es gut (bei Eltern weiß man schließlich nie). Manche Seiten können nach dem Ausfüllen so geheim sein, dass du sie lieber zuklebst oder rausreißt. Auch das ist erlaubt.

Es ist auch deine Entscheidung, ob du das Buch von vorne nach hinten oder von hinten nach vorne oder kreuz und quer liest. Blättere einfach und schau, welches Thema dich gerade anspricht und beschäftigt – und welches nicht. Vielleicht schreibst du im Laufe der nächsten Wochen jeden Tag ein bisschen darin herum. Egal wie, wir wünschen dir viele Aha-Erlebnisse und möchten, dass dich dieses Buch stärker macht und weiterbringt. **DENN DU KOMMST DA DURCH.**

Ilona Einwohlt UND Regina Kehn

Das **bin** ich

Name:

Alter:

☐

Sommersprossen:

- keine ☐
- 10 – 100 ☐
- 100 – 1 Mio. ☐
- zu viele! ☐

Mein Lachen

Fingerabdruck

☐

Das ist typisch für mich ____________________

So sehe ich aus:

Ich liebe ____________________

Ich lebe ____________________

Ich finde ____________________

Kreuze an:

	ja	nein
Morgenmuffel	☐	☐
Schokotyp	☐	☐
Quadratlatschen	☐	☐
Sportverrückt	☐	☐
Vielleser*in	☐	☐
Fernsehgucker*in	☐	☐
Zocker*in	☐	☐
Kuschelkatze	☐	☐

Willkommen im Club!

ALLE GESCHIEDEN, ALLE GETRENNT, ODER WAS? Du bist mit deiner Situation nicht alleine, so wie dir geht es vielen Kindern.

DILA

9 Jahre

Getrennt seit ein paar Wochen.
Lebt zu Hause entweder mit Papa oder mit Mama.
Findet Streit und alles total stressig.
Wünscht sich Frieden.

JAVIER

8 Jahre

Geschieden seit zwei Jahren.
Lebt bei Papa, seit Mama abgehauen ist.
Findet es toll, dass er bei Papa im Bett schlafen darf.
Liebt Mimi, Sara und Papas Vanillecreme. Und Emilia, wenn sie mal lacht.
Wünscht sich einen Hund, bekommt aber eine Katze.

BEN

9 Jahre

Geschieden seit vielen Monaten.
Lebt bei Mama und sieht Papa nur ab und zu am Wochenende.
Findet es ungerecht, dass Mama ihm keine neuen Sneaker kaufen kann.
Liebt Pommes und seinen Computer. Und Opa, weil er mit ihm Quatsch macht und auf Abenteuersuche geht.
Wünscht sich, dass Mama endlich mal wieder lacht.

NIKI

9 Jahre

Getrennt seit sechs Monaten.
Lebt eine Woche bei Papa, eine bei Mama.
Findet alles ganz okay.
Liebt Abenteuer.
Wünscht sich nix.

EMILIA

12 Jahre

Geschieden seit zwei Jahren.
Lebt bei Papa, seit Mama abgehauen ist.
Findet Papas neue Freundin doof.
Liebt Sprache und Musik.
Wünscht sich eine Reise ans Meer.

ALEX

12 Jahre

Getrennt seit sechs Monaten.
Lebt, wie sie es will.
Findet Kofferpacken doof, aber gut, dass Papa nicht so viel verbietet wie Mama, und Mama besser Vokabeln abfragt als Papa.
Liebt ihre Freiheit.
Wünscht sich, dass sie Schach spielen könnte.

RICO

10 Jahre

Geschieden seit Langem.
Lebt in einer Patchworkfamilie.
Findet große Brüder nervig.
Wünscht sich eine Babyschwester.

Fragebogen

WIE GEHT ES DIR?

SEIT WANN BIST DU GESCHIEDEN ODER GETRENNT?

WAS FINDEST DU DARAN BESONDERS DOOF?

GIBT ES ETWAS GUTES DARAN?

WER ODER WAS HILFT DIR, DAMIT ES DIR BESSER GEHT?

WO FINDEST DU RUHE?

WORÜBER KANNST DU TROTZDEM LACHEN?

WAS WÜNSCHST DU DIR?

WIR TRENNEN UNS!
WEG!
NUR WEG
ICH WILL WEG!
ENDE
ENDGÜLTIG
SO EIN IDIOT
SCHLIMM
DEIN VATER HAT EINE NEUE!
ICH KANN NICHT SO LEBEN!
ICH KANN NICHT MEHR!
ICH ZIEH AUS!
ES IST AUS
WIR TRENNEN UNS!
ENDE
ICH ZIEH AUS

1. Erste Hilfe – Ich in Not

Lass es raus!

Sie haben es dir gesagt, du hast es ja schon lange geahnt: Da stimmt was nicht. Immer diese miese Stimmung, die ewigen Streitereien. Und nun sitzen deine Eltern da, aufgewühlt, verheult, unsicher, und sagen diesen einen Satz, den du niemals hören wolltest: **»WIR TRENNEN UNS.«**

Und jetzt sitzt *du* da, aufgewühlt, traurig, den Bauch voller Tränen, und weißt nicht, wohin mit deinen Gefühlen. Schon gar nicht willst du dich von Mama oder Papa trösten lassen. Oder es verstehen. Das ist okay. Du musst es nicht verstehen.

LASS ES RAUS!
WEINE, ZITTERE, HEULE, WÜTE, LASS ALLES, ALLES RAUS, WAS DU FÜHLST. **DU DARFST DAS.** Denn alles, was sich zeigt, ist gut! Nur so kann etwas gesehen, gelöst und geheilt werden. Egal, ob es Fieber, Pickel oder eben deine Gefühle sind.

TU DIES:
WEINE!
Bis du keine Tränen mehr hast.
SCHREI!
SO LAUT DU KANNST
KNALL DIE TÜR!
SO DOLL DU KANNST
TRAMPLE AUF DEN BODEN!
SO FEST DU KANNST

Tu das:
Beruhige dich. Zähle die Atemzüge, langsam und bis zehn.
Trinke Wasser. In kleinen Schlucken.
Lege deine Hand auf dein Herz. Tröste es.
Atme noch mal ruhig. Zähle diesmal bis zwanzig.

SUPER. Jetzt hast du dich beruhigt, und langsam kommen die Wörter an, die Mama und Papa gesagt haben. Sie sickern in dich ein, zeigen dir die Wahrheit – und sofort ploppen lauter Fragen auf:

WARUM? Warum, warum. **WARUM AUSGERECHNET ICH?** Warum trennen sich Mama und Papa? Warum wollen sie sich scheiden lassen? Und was wird aus mir? Wie soll das jetzt weitergehen? Das Gedankenkarussell dreht sich und dreht sich, es macht dich traurig, lässt dich weinen, grübeln, weinen, grübeln ... **STOPP! STOPP! STOPP!** Es gibt im Moment keine Antwort. Besser also, du lässt das Grübeln sein. Und konzentrierst dich auf dich.

In Schocksituationen reagiert dein Körper automatisch. Instinktiv, also ganz von allein, schaltet er auf das Schutzprogramm um. Das bedeutet: Du verspürst weder Hunger noch das Bedürfnis, aufs Klo zu gehen, du bist glockenhellwach und in Alarmbereitschaft. Adrenalin, das Alarmhormon, das der Körper in Schocksituationen ausschüttet, baut sich am besten ab, wenn du dich bewegst. Dein schlauer Körper weiß das und reagiert mit Zittern, Schreien, Weinen oder dem Impuls, einfach wegzulaufen. Du reagierst also genau richtig.

Such dir Verbündete …

In schwierigen Zeiten brauchst du jemanden, der zu dir steht, dich tröstet und mit dir redet. Das kann Mama oder Papa sein, aber auch jemand aus deiner Familie oder deinem Freundeskreis.

WER HILFT DIR IN SCHWIERIGEN ZEITEN und ist immer für dich da?

ÜBERLEG MAL:

WER HILFT DIR, WENN DU TRAURIG BIST?
WER ERZÄHLT DIR DIE LUSTIGSTEN GESCHICHTEN?
WER TRÄGT DIE VERRÜCKTESTEN KLAMOTTEN?
WER IST MORGENS AM FRÖHLICHSTEN?
WER KANN AM BESTEN KITZELN?
WER HÖRT DIR AM BESTEN ZU?
WER IST IMMER ERREICHBAR?
WER KENNT SICH AM BESTEN AUS?
WER IST AM STÄRKSTEN?
WER LACHT AM LAUTESTEN?
WER HAT DIE BESTEN IDEEN?

... und schlüpf bei ihnen unter!

MANCHMAL IST ABHAUEN DOCH DIE LÖSUNG! Wenn du das Gefühl hast, du hältst es zu Hause nicht aus: Pack Zahnbürste, Krams und Krempel zusammen und schlüpfe bei Oma oder Opa unter. Oder bei Tante und Onkel, bei einem Freund oder einer Freundin. Bitte deine Eltern um Erlaubnis! Oder lass es Oma oder Tante und Onkel für dich klären. Hauptsache, sie wissen, wo du bist – und du hast ein paar Tage **RUHE**. Bist ein bisschen abgelenkt, getröstet und versorgt.

Klar!

Was kommt jetzt? Was wird aus mir? Lauter Fragen und viel Verzweiflung. Dazu mehr ab Seite 37. Jetzt geht es um Erste Hilfe und Trost für dich!

Lenk dich ab!

Geh Fußball spielen oder aufs Trampolin! Backe Muffins, mach dir Schokopudding, besuche Freundinnen und Freunde, ein paar Sessions am Tablet sind auch okay. Lauf los, baue Lego, hör laute Musik oder mach selber welche, grabe Löcher, male, blättere ... in diesem Buch herum. **EGAL WAS, ABER MACH WAS!**

Elternliebe ist wie Sonne: Immer da!!!

Wenn sich Erwachsene trennen, verhalten sie sich blöd und bescheuert. So blöd, dass du manchmal denkst: Ich bin ihnen nicht mehr wichtig. Sie haben mich vergessen. **ABER DAS HABEN SIE GANZ BESTIMMT NICHT!**

Familie bleibt Familie

Familie bedeutete lange Zeit, dass die Eltern verheiratet waren und mehrere Generationen unter einem Dach lebten: **VATER UND MUTTER, OMA, OPA, TANTE, ONKEL, GESCHWISTER, ENKELKINDER, HUND, KATZE, MAUS**. Jeder trug seinen Teil zur Gemeinschaft bei, der eine kochte, einer ging arbeiten, andere kümmerten sich um Wäsche, Einkaufen oder Reparaturen. Es war ein gegenseitiges Versorgen, und für die Kinder war immer jemand da. Die Familie hielt zusammen, was auch immer geschah.

Heute sind viele Eltern nicht miteinander verheiratet. Meist leben nur Vater, Mutter und Kinder als Familie in einer Wohnung zusammen und Oma, Opa, Tante, Onkel woanders. Freundinnen und Freunde erweitern den Kreis und zählen so gut wie zur Familie.

Zusammenhalt und Gemeinschaft gibt es heute also immer noch, nur anders und nicht zwangsläufig unter einem Dach. Und das bleibt. Auch wenn Mama und Papa in Zukunft in getrennten Haushalten leben. Auch wenn Mama und Papa sich nicht mehr lieben. **DU BIST NICHT ALLEIN!** Denn Mama, Papa, Freundinnen und Freunde, Trainerinnen und Trainer, Nachbarinnen und Nachbarn, Lieblingslehrerinnen und Lieblingslehrer, Hund, Katze, Meerschweinchen, Pony und wer sonst noch zu *deiner Familie* gehört, sind immer noch da und halten zu dir.

Das alles bedeutet »Familie«, egal, ob ihr verwandt seid oder nicht: Lachen, Kitzeln, Kuscheln, Teilen, Streiten und Versöhnen, Geheimnisse teilen, Helfen, Unterstützen, Vertrauen, aufgefangen sein, füreinander da sein. Immer, auch wenn es Schwierigkeiten und Probleme gibt!

Notiere mal, wer alles zu DEINER Familie gehört.

ALL DIESE MENSCHEN STEHEN ZU UND HINTER DIR. Sie alle halten dich mit ihrer Liebe und Zuneigung fest. Und mit der Zeit kommen ganz bestimmt noch welche dazu. Umgekehrt werden auch einige gehen, weil du älter wirst, andere Interessen hast, die Schule wechselst … **DAS LEBEN IST VERÄNDERUNG.**

Nicht deine Schuld – deren Sache!

Deine Eltern trennen sich, streiten dauernd, brüllen sich an, knallen sich gegenseitig fiese, gemeine Wörter und Sätze an den Kopf.
Womöglich denkst du: Ich bin schuld! Es liegt an mir! Sie streiten wegen mir, weil ich etwas falsch gemacht habe.

NEIN, bist du nicht. Der Streit deiner Eltern hat ganz bestimmt nichts mit dir zu tun. *Es ist ihr Streit.* Nicht deiner. Mach dir klar: Es liegt nicht an dir, dass sie sich streiten. Es ist nicht deine Schuld, dass sie sich trennen. Sag dir das wieder und immer wieder. Oder anders:
DEREN SACHE! DEREN STREIT!

DU DENKST: Sie streiten, weil ich so schlechte Noten in der Schule habe.
DIE WAHRHEIT: Deine Eltern streiten darüber, wer von ihnen sich mehr Zeit hätte nehmen müssen, um mit dir vernünftig zu lernen.

DU DENKST: Sie streiten, weil ich mein Zimmer nicht aufgeräumt habe.
DIE WAHRHEIT: Deine Eltern streiten sich darüber, wer von ihnen welchen Teil zur gemeinschaftlichen Hausarbeit beiträgt und das Geld verdient.

DU DENKST: Sie streiten, weil ich so viel am Handy zocke.
DIE WAHRHEIT: Deine Eltern streiten darüber, dass sie keine Zeit für gemeinsame Unternehmungen mit dir haben.

DU DENKST: Sie streiten, weil ich zu spät nach Hause gekommen bin.
DIE WAHRHEIT: Deine Eltern streiten darüber, wer über dich bestimmen darf.

DU DENKST:: Sie streiten, weil ich neue Sneaker und ein Handy will.
DIE WAHRHEIT: Deine Eltern streiten darüber, dass das Geld vorne und hinten nicht reicht, egal, wie viel sie arbeiten.

SAG DIR ALSO IMMER WIEDER:
DEREN SACHE! DEREN STREIT!

TIPP:

Denke nicht an einen grünen Tiger! Woran denkst du? Richtig, an einen grünen Tiger. Unser Hirn ist nämlich nicht dafür gemacht, NEIN zu denken. Wir denken immer JA. Das ist wichtig zu wissen. Egal ob es wie in diesem Buch um das Thema Trennung geht oder um Leistungssport oder einen Schultest. Wenn du nämlich negative Sätze umformulierst, denkst du gleich viel fröhlicher. Du fühlst dich stärker, und alles geht dir leichter von der Hand. Probiere es mal aus!

Liegt nicht an mir! = Eure Sache!

Ich bin nicht schuld! = Ich bin richtig!

Ich kann das nicht!!! = Ich kann das!

Ich hab kein Geld. = Ich kann mir nur bestimmte Dinge leisten.

Ich habe keine Angst!
=
Ich bin mutig!

Wenn du es genau wissen willst, frage deine Eltern: Warum streitet ihr? Warum trennt ihr euch? Warum habt ihr euch nicht mehr lieb?
Oft geht es um Alltagskram wie Einkaufen, Bezahlen oder Aufräumen. Und dass der eine die andere nicht mehr liebt oder umgekehrt. Oder die eine oder der andere jemand Neues kennengelernt hat und die oder den lieber mag und küsst. Das ist bitter und traurig zu hören. Aber die Wahrheit.
Fast immer geht es auch um Geld. Geld spielt bei Trennungen eine große Rolle. Gab es vorher einen gemeinsamen Topf für alles, zahlt jetzt jeder für sich, und das bedeutet: Vieles muss unterm Strich doppelt bezahlt werden – Miete, Krankenversicherung, Auto, Lebensmittel. Oft reicht es gerade so, aber Urlaub, Klassenfahrten und Süßigkeiten sind nicht mehr drin. Während die Eltern darüber streiten, wer was wie zu bezahlen hat, leiden die Kinder.

LASS ES RAUS!

Deine Eltern streiten, und du stehst dazwischen. Am liebsten würdest du dir die Ohren zuhalten und noch lauter schreien als sie. **TU ES! SCHREI, SO LAUT DU KANNST: »DAS IST EUER STREIT!!!«** Und natürlich alle Schimpfwörter, die dir einfallen (oder die die Schimpfwortmaschine auf Seite 68 ausgespuckt hat). Wenn du deine Wut rausgebrüllt hast, geh in dein Zimmer, geh einfach weg, raus aus der Situation. **DU DARFST DAS!**

Der Wahrheit ins Auge sehen

DEINE ELTERN SOLLEN ZUSAMMENBLEIBEN! Natürlich wünschst du dir, dass alles wieder gut wird. So wie früher. Als ihr noch alle gemeinsam auf dem Sofa gekuschelt oder einen Ausflug unternommen habt. Vielleicht denkst du: Wenn ich mir besonders viel Mühe gebe (in der Schule, beim Sport, beim Aufräumen), wird alles wieder gut. Aber so ist es leider nicht – egal, ob du Purzelbäume schlägst, gute Noten schreibst oder dich ganz besonders brav verhältst, deine Eltern lassen sich trotzdem scheiden. Es liegt nicht an dir. Der Streit ist Sache deiner Eltern!

Das Beste, was du jetzt für dich tun kannst:
AKZEPTIERE DIE SITUATION.
ES GEHT DIR AM BESTEN DAMIT.

Vermutlich haben deine Eltern schon länger an Trennung gedacht. Du hast das sicher an der miesen Stimmung und den ständigen Streitereien bei euch zu Hause gespürt. Vermutlich haben deine Eltern auch versucht, sich wieder zu vertragen und zusammenzubleiben. Niemand gibt einfach so eine Familie auf! Trotzdem finden Paare nach einer Trennung mit ganz viel Streit und Tränen meist nicht mehr zusammen. Wie ein Blatt Papier, das du in Schnipsel gerissen hast. Das lässt sich auch nicht mehr einfach so zusammenfügen, höchstens noch mit Klebstreifen und viel Geduld. **WIE DU ES AUCH ANSTELLST, RISSE WIRST DU IMMER SEHEN.** Und vielleicht hält die Kleberei auch nicht, und alles geht wieder auseinander, sobald jemand dran reißt, sobald es Streit gibt.

Klingt gemein, böse und hart? Ja! Aber besser ist es, du siehst der Wahrheit ins Auge und machst dir keine falschen Hoffnungen. Sonst bist du später nur noch enttäuschter.

Alle sind auf deiner Seite

Warum ich?, denkst du. Warum lassen sich ausgerechnet *meine* Eltern scheiden? Schwacher Trost: **DU BIST NICHT ALLEIN.**
In Deutschland erleben jedes Jahr etwa 120.000 Kinder die Scheidung ihrer Eltern. Und da sind noch gar nicht die Kinder dabei, deren Eltern sich trennen, aber gar nicht verheiratet waren ... Tatsächlich sind also noch viel mehr Kinder jedes Jahr in deiner Situation.
Schau dich mal bei dir in der Klasse, in der Nachbarschaft oder in deinem Sportverein um. Ganz bestimmt sind einige dabei, die nur bei einem Elternteil leben. Oder wochenweise hin- und herwechseln. **TRAU DICH.** Sprich sie an und **MACHT GEMEINSAME SACHE!** So macht ihr euch gegenseitig stark. Wenn die Eltern schon so doof sind.

Hilfe vom Profi

Mal abgesehen von Familien, Freunden und Verwandten gibt es viele offizielle Stellen und kompetente Menschen, die Kindern in Not helfen. Zum Beispiel das Sorgentelefon, deine Vertrauenslehrerin oder dein Vertrauenslehrer, Sozialarbeiterinnen und Sozialarbeiter, Schulpsychologinnen und Schulpsychologen. Sie arbeiten in Jugendhäusern, beim Sorgentelefon.

MANCHMAL TUT ES GUT, WENN SICH EINE STREITSCHLICHTERIN ODER EIN STREITSCHLICHTER VON AUSSEN EINMISCHT, unbefangen und ohne Vorurteile – wie eine Schiedsrichterin oder ein Schiedsrichter beim Sport. In Familienberatungsstellen gibt es besondere Hilfsangebote und Gruppen für Kinder, die genau in deiner Situation stecken. Bitte deine Eltern oder eine andere Vertrauensperson darum, dass sie sich mit dir gemeinsam darüber informieren (Adressen findest du auf Seite 35).

Ich bin traurig, dass sich meine Eltern getrennt haben.

Wenn deine Lieblingslehrerin oder dein Lieblingslehrer Bescheid wissen, was bei dir zu Hause gerade los ist, sind sie in Sachen Noten vielleicht nicht ganz so streng und können dich unterstützen.

Trau dich, über deine Probleme, Ängste und Sorgen zu sprechen! Zu sagen: »Ich brauche Hilfe, ich weiß nicht mehr weiter«, ist sehr mutig und immer richtig. Erwachsene sind da oft feige. Weil sie sich schämen. Weil sie Angst haben davor, was die Leute sagen. Weil sie nicht gelernt haben, offen über ihre Gefühle zu sprechen. Zeig du ihnen, wie es geht! Damit es dir bald wieder besser geht.

Nummer gegen Kummer

Wann immer du nicht weiterweißt und einfach mal reden möchtest: Wähle **116111**, die **NUMMER GEGEN KUMMER**. **MONTAGS BIS SAMSTAGS VON 14 – 20 UHR** erreichst du hier jemanden, der dir zuhört und dem du erzählen kannst, was dich bedrückt. Und das kostenlos und anonym, also ohne dass du deinen Namen verraten musst!

Wenn du keine Lust hast zu reden, kannst du auch eine E-Mail mit deinen Sorgen schreiben. Wie das geht, erfährst du auf der Internetseite **WWW.NUMMERGEGENKUMMER.DE**

In fast jeder größeren Stadt gibt es BERATUNGSSTELLEN und HILFE. Informiere dich unter folgenden Adressen:

Der Kindertherapeutin habe ich alles, alles erzählt. Das hat richtig gutgetan.

DEUTSCHLAND

Pro Familia
www.profamilia.de
info@profamilia.de

Deutscher Kinderschutzbund
www.dksb.de
info@dksb.de

Caritas
www.caritas-jugendhilfe.de
info.jh@caritas-ggmbh.de

AWO Bundesverband
www.awo.org
info@awo.org

SCHWEIZ

Pro Juventute Stiftung
www.147.ch
beratung@147.ch

ÖSTERREICH

die möwe – Kinderschutzzentren
www.die-moewe.at
kinderschutz@die-moewe.at

Bundesverband Rainbows
www.rainbows.at
office@rainbows.at

2. Ich fühle mich so und so

Dilas Geschichte

In Mathe habe ich eine Zwei plus, in Deutsch sogar eine Eins. Für ein Mädchen wie mich eine tolle Leistung, sagt meine Lehrerin, Frau Kietzell. Sie meint damit: für eine, deren Mutter keinen deutschen Pass besitzt und deren Vater Lkw-Fahrer ist. Mein anderer Lehrer, Herr Nawalny, hat sich darüber sehr aufgeregt und Frau Kietzell gehörig die Meinung gesagt, und es gab einen großen Streit. Mir war das furchtbar unangenehm, dass sich noch zwei Erwachsene wegen mir streiten. Dabei will ich doch alles richtig machen. Damit sich meine Eltern nicht streiten.

Aber das ist leichter gesagt als getan. Sie streiten nämlich wegen allem, und seit ein paar Monaten leben sie getrennt, damit das Streiten endlich aufhört.

Die gute Nachricht: Ich wohne weiterhin in unserem Haus, und Mama und Papa leben abwechselnd bei mir.

Die schlechte Nachricht: Sie streiten trotzdem. Und immer wegen mir. Dabei versuche ich alles richtig zu machen! Sie streiten darüber, dass ich in der letzten Mathearbeit eine Drei minus geschrieben habe, weil Mama nicht genug mit mir gelernt hat. Ich hatte gelernt, aber ich konnte mich nicht konzentrieren, weil meine Haut so gejuckt hat.

Sie streiten, weil ich beim Ballett keine Fortschritte mache, weil Papa nicht mit mir geübt hat. Ich hatte geübt, aber meine Beine fühlen sich so schwach an.

Sie streiten, wenn ich vergesse, meine Schuhe ordentlich hinzustellen, und meine Jacke nicht aufgehängt habe. Mache ich immer. Aber ich musste ganz schnell aufs Klo, da hab ich alles einfach hingeworfen.

Je mehr Mühe ich mir gebe, umso schlimmer wird alles. Und sie behaupten, es geschieht alles zu meinem Besten.

So haben sie es mir zumindest gesagt, als sie mir das Nestmodell (siehe Seite 98) erklärt haben. Alles soll für mich so bleiben, wie es ist: mein Kinderzimmer mit den Spielsachen, die Zahnbürsten im Bad, die Müslischalen in der Küche, mein Schulweg, meine Nachmittage mit Hausaufgaben, Ballett, Klavier, Arabischkurs, später Abendkakao, Vorlesen. Mit dem Unterschied, dass abwechselnd eine Woche Mama und die andere Woche Papa bei mir einzieht und mir Frühstück macht. Dass meine Freundin Leyla nicht mehr mit mir spielen darf, darüber sind sie sich ausnahmsweise mal einig.

Mama und Papa haben Sorge, dass über uns geredet wird, weil sie sich trennen. Deswegen darf das keiner wissen.

»Es geht um die Ehre!«, sagt Mama und tut überall so, als würden Papa und sie abwechselnd im Schichtdienst arbeiten und deswegen nicht mehr gemeinsam unter einem Dach leben.

»Es geht darum, dass Mama sonst vielleicht zurück in die Türkei muss«, sagt Papa. Dabei lebt sie seit vielen Jahren hier, sie arbeitet bei der Deutschen Bahn und mag sogar Sauerkraut. Aber das zählt wohl nicht, wenn sie sich von Papa scheiden lässt. Papa hat ihr vorgeschlagen, lieber noch ein paar Jahre verheiratet zu bleiben. Ich hoffe sehr, dass Mama sich das mit der Scheidung gut überlegt. Sonst muss ich mich nämlich entscheiden, bei wem ich in Zukunft leben will: hier bei Papa in Deutschland oder mit Mama in der Türkei. Wenn ich daran denke, fängt meine Haut sofort wieder an zu jucken. Herr Nawalny meint, ich müsse mich ja jetzt noch nicht entscheiden und sollte mal abwarten. Er hat mich neulich nach dem Unterricht gefragt, was los ist. Er hätte bemerkt, wie traurig und durcheinander ich in letzter Zeit sei. Da hab ich sofort weinen müssen. Weil an diesem Tag meine Ellenbogen vor lauter Jucken schon ganz aufgekratzt waren und mein Kopf wehtat. Weil alles so kompliziert ist und ich immer alles falsch mache, egal was ich tue. Dabei lerne ich wie verrückt, gehe ins Ballett und mache mir mein Mittagessen selbst in der Mikrowelle warm. Aber es reicht nie. Mama und Papa meckern ständig an mir herum. Herr Nawalny hat versprochen, mit meinen Eltern zu reden. Er hat ein paar Ideen, wie er mir helfen kann. Außerdem weiß er einen Arzt, der könnte sich mal meine Haut anschauen. Und er hat mich getröstet und gesagt, dass ich mir keine Sorgen machen muss.

Aber das ist leichter gesagt als getan. Denn Leyla ist sauer auf mich und tuschelt hinter vorgehaltener Hand über mich, die anderen Kinder aus meiner Klasse gucken auch schon. Mir doch egal. Ich gehe jetzt wieder regelmäßig ins Gemeindezentrum. Dort kann ich so sein, wie ich bin. Mit den anderen Kindern spiele oder bete ich, mache Sport, lerne Arabisch oder lese im Koran. Dann fühle ich mich getröstet und geborgen. Und vergesse für den einen Moment alles.

Trauer, traurig, am traurigsten

Nach dem ersten Schock wird dir nun Tag für Tag klar: Deine Eltern trennen sich, lassen sich vielleicht sogar scheiden. **ALLES WIRD ANDERS, NICHTS IST MEHR SO, WIE ES EINMAL WAR …** Womöglich ist auch einer von ihnen schon ausgezogen und du vermisst Mama oder Papa. Vielleicht weint einer von ihnen die ganze Zeit oder macht sich große Sorgen darüber, wie es nun weitergehen soll. All das macht dich traurig und bedrückt, und vor lauter Weinen, Kummer und Tränen fühlst du dich ganz leer.

SEI VERSICHERT, ALLES WIRD GUT, denn die Zeit heilt tatsächlich alle Wunden. Auch wenn es sich jetzt nicht so anfühlt, geht es jeden Tag ein bisschen besser. Ganz bestimmt.

WER ODER WAS HILFT DIR, DAMIT ES DIR BESSER GEHT?

Großer Vogel Traurigkeit!

Manchmal ist alles
düster und schwarz.
Male den Vogel aus,
so düster und
dunkel und traurig,
wie du kannst.

HEUTE SO, MORGEN SO

Jeder Tag ist anders. Schreibe in den kommenden Tagen und Wochen auf, wieso und warum!

TIPP: IN EINEM EXTRA TAGEBUCH kannst du noch viel ausführlicher aufschreiben, was du alles erlebst und fühlst. Schreibe dir das Datum dazu.

WIE FÜHLST DU DICH HEUTE?

WAS IST PASSIERT?

WAS WÜRDE DIE SACHE BESSER MACHEN?

WAS HAST DU HEUTE VOR?

TROSTESSEN

Ob Popcorn, Schokolade oder Gummibärchen, einzeln auf der Zunge oder alle auf einmal in den Mund: Süßigkeiten trösten! Damit Trostessen nicht dick und krank macht, lieber auf gesündere Alternativen wie **STUDENTENFUTTER** oder Trockenobst ausweichen. Oder diese Smoothies ausprobieren.

GESUND TRINKEN

Welchen Smoothie magst du lieber? Orange-Kiwi-Banane oder Himbeer-Heidelbeer-Orange? Kombiniere **DEIN LIEBLINGSOBST** nach deinem Geschmack. Für mehr Süße nimm Honig, für den fruchtigen Geschmack wähle Orangensaft als Basis, für mehr Frische Joghurt.

TROSTBÄLLCHEN-REZEPT

400 g Lieblingsmüsli

1 Banane

2 Esslöffel Honig

Milch, Kokosflocken, Rosinen, Kakao

Vermenge 400 g Müsli mit einer zerdrückten Banane und 2 Esslöffeln Honig, nach Geschmack kannst du noch Kokosflocken, Rosinen oder Kakaopulver hinzufügen. Gib so viel Milch hinzu, dass du gut mundgerechte Bällchen rollen kannst. Im Kühlschrank halten sich deine Trostbällchen eine Woche – oder auch nicht.

- Kummer, Ärger und Sorgen bereiten jedem Bauchschmerzen! Dann helfen Wärmflasche, Tee – und Kuscheln mit der Katze. Bauchweh-Tees gibt es in jeder Drogerie.
- Kopfschmerzen machen müde und schlapp! Oft hilft Wasser trinken – und ein kühler Lappen auf der Stirn. Raus an die Luft gehen, toben, rennen, Rad fahren und raufen.
- Schlimme Schmerzen, die überhaupt nicht besser werden, gehören ärztlich abgeklärt.

TROST-PLAYLIST

Hörst du gerne Musik? Musik kann wunderbar trösten.
Welche sind deine **LIEBLINGSLIEDER**?

KUSCHELPLATZ

Wo hast du deine **RUHE**?

Zum Ausmalen

SORGENPUPPE

WAS BEDRÜCKT DICH und **BEREITET DIR KUMMER?** Dieser Sorgenpuppe kannst du alles anvertrauen, sie erzählt es nicht weiter. Schreibe es auf!

ICH MACHE MIR SORGEN, WEIL …

STREICHELEINHEITEN

HAST DU DIR IMMER SCHON EIN HAUSTIER GEWÜNSCHT? Jetzt ist die perfekte Gelegenheit! Ein Hund, eine Katze, ein Meerschweinchen, eine Wüstenspringmaus, nur für dich. Überzeuge deine Eltern, dass du jetzt dringend jemanden brauchst, den du ganz alleine für dich haben kannst – und der, komme, was da wolle, immer für dich da ist. Ein **KUSCHELTIER** geht natürlich auch ...

DIESES TIER WÜNSCH ICH MIR:

ES SOLL SO HEISSEN:

DAS IST MEIN KUSCHELTIER:

Bens Geschichte

Wenn du mir jetzt etwas sagen willst, kann ich es nicht hören, denn ich halte mir gerade die Ohren zu.

Ganz fest und ganz lange.

Manchmal tun mir die Ohren weh vor lauter Zudrücken.

Manchmal denke ich, mir fallen die Arme ab.

Manchmal denke ich, ich halte das nicht mehr aus.

Weil es schon so lange geht. Wann das genau angefangen hat, weiß ich nicht mehr. Irgendwann, als wir noch alle zusammenwohnten. Erst haben sie sich gestritten, dann knallte die Tür, Papa war weg und Mama fing an zu weinen.

Sie denkt, ich merke das nicht. Sie fängt schnell an zu lächeln, wenn sie mich sieht. Sie setzt die Sonnenbrille auf, damit ich ihre roten Augen nicht bemerke. Sie putzt sich die Nase und tut so, als hätte sie Schnupfen.

Dabei weint sie jede Nacht. Ich höre das durch die Wände unserer kleinen Wohnung, in der wir seit einem Jahr leben. Auch wenn ich mir die Ohren zuhalte. Mama hat Sorgen, weil das Geld hinten und vorne nicht reicht, dabei arbeitet sie so viel. Sie hat zwei Jobs. Alles nur, weil Papa nicht das Geld auf ihr Konto überweist, das er für mich zahlen sollte.

Sie macht nie eine Pause, sie geht nie aus, immer ist sie am Kochen und Putzen und Aufräumen, und manchmal telefoniert sie mit der Bank oder mit ihrer Anwältin.

Sie will, dass es mir gut geht, sagt sie. Deswegen arbeitet sie so viel. Damit ich endlich auch mal die Süßigkeiten haben kann, von denen ich träume. Und damit sie mir endlich ein Tablet für die Schule kaufen kann.

Ich bin traurig, dass es Mama nicht gut geht, weil Papa jetzt eine andere Frau liebt. Sie haben ein kleines Baby. Ich habe mir immer eine Schwester oder einen Bruder gewünscht. Jetzt kann ich mich gar nicht über das Baby freuen, weil

Mama dann noch trauriger wäre. Sie hätte nämlich gerne noch ganz viele Kinder gehabt. Mit Papa. Aber der hat jetzt ein Kind ohne sie.

Seit Papa die neue Frau hat, ist er total verändert. Früher sind wir immer zum Angeln gegangen oder haben Vögel beobachtet. Stundenlang waren wir mit Fernglas und Rucksack unterwegs und sind immer erst ganz spät zurückgekommen. Wir haben Feuer gemacht und Würstchen am Stock gegrillt. Jetzt will er gar nichts mehr von Abenteuern im Wald wissen, er will nur noch mit seinem neuen Auto fahren, und dass ich zu den Pfadfindern gehe, interessiert ihn auch nicht.

Manchmal weine ich auch.

Manchmal kriege ich vor lauter Weinen Bauchweh. In der Schule lachen sie mich deswegen aus, weil ich immer ganz still in der Ecke sitze und keine Lust zum Mitspielen habe. Richtig konzentrieren kann ich mich auch nicht mehr. In meinem Bauch rumpelt dann eine Achterbahn, und manchmal habe ich Angst, in die Hose zu machen.

Wenn ich zu traurig werde, kann ich Opa Arne anrufen. Das mache ich in letzter Zeit öfter. Arne ist Papas Vater und total sauer auf ihn, weil er einfach abgehauen ist und nicht meinen Unterhalt zahlt, obwohl ich ein Recht darauf habe. Er hat Angst, dass ich vielleicht denke, Papa hat mich vergessen.

Stimmt aber nicht. Ich habe Opa gesagt, Papa hat bestimmt nur so eine Phase wie mein Cousin Marvin, der ist in der Pubertät und interessiert sich auch für niemanden mehr außer für seine Spielkonsole. Papa war neulich mit mir Eis essen. Wir haben nicht viel geredet, und Papa hat ständig auf sein neues Handy geguckt. Zum Abschied hat er mich ganz fest in den Arm genommen und gedrückt wie noch nie. Da wusste ich, er hat mich ganz bestimmt nicht vergessen. Geld hin oder her.

Ich stromere jetzt immer öfter mit Opa Arne durch die Gegend, dabei vergesse ich auch meine Bauchschmerzen. Opa kennt sich mit Vögeln, Bäumen und Pflanzen richtig gut aus! Seitdem kann ich ein Rotkehlchen von einem Rotschwänzchen unterscheiden und weiß, wie Käuzchen rufen. Ich kann mit einem indianischen Feuerbohrer Feuer machen, über Baumstämme balancieren und auf Felsen klettern.

Die Kinder in meiner Klasse denken, ich bin ein Loser. Nur weil mich Mama morgens immer in die Schule bringt und ich nicht vom Dreier springe. Aber neulich hab ich Opas Mütze gerettet! Die hat ihm der Wind in den See gepustet, und ich bin einfach hinterher und habe sie für ihn aus dem Wasser rausgefischt. Obwohl der See tief ist. Weil ich natürlich schwimmen kann. Und weil Opa ohne seine Mütze nicht mein Opa ist.

Angst ist ein schlechter Begleiter

ANGST FÜHLT SICH BLÖD AN – aber rettet in der Regel dein Leben. Weil sie erst mal die natürliche Reaktion auf eine Bedrohung ist, egal ob dich ein Löwe verfolgt oder ein Gewitter tobt. Da wäre es doch lebensgefährlich, einfach stehen zu bleiben oder aus dem Haus zu gehen. Andere Ängste lassen sich nicht so leicht erklären: Angst vor der Schule zum Beispiel, Angst vorm Peinlichsein oder Angst vor zu viel Nähe. Aber auch diese Ängste lösen Reaktionen aus: Dein Herz klopft schneller, du willst wegrennen, deine Hände werden feucht, dabei ist dein Leben bei genauem Hinsehen nicht bedroht. **ES GIBT ALSO ÜBERHAUPT KEINEN GRUND ZUM FLÜCHTEN!** Das muss dein Kopf in diesem Moment kapieren. Deswegen tut es gut, Angst zu überwinden. Mutig zu sein. Dich nicht kleinmachen zu lassen.

Und was ist mit der Angst vor Veränderungen und vorm Verlassenwerden, fragst du dich? Die fühlst du vermutlich gerade jetzt. Wir sind für das Gemeinschaftsleben gemacht, wir brauchen Familie und Menschen um uns herum. Also ist es völlig normal, dass du in deiner jetzigen Situation Angst vorm **ALLEINSEIN** hast (Fachleute nennen das Verlustangst) oder gleichzeitig Angst vor zu viel Nähe (du könntest ja wieder enttäuscht werden).

Ich bin mutig.
Mir kann nichts passieren.
Ich habe keine Angst vor der Angst.
Ich vertraue.
Alles ist gut.

WER ODER WAS MACHT DIR ANGST?

LÄRM	DUNKELHEIT	GEWITTER
DAUERSTREIT	HORRORCLOWNS	KELLER
HUNDE	GELDSORGEN	HÖHLE
SPINNEN	TIGER	BALANCIEREN
SCHULE	SCHMERZEN	NEUE FREUNDE
AUTOS	SCHNECKEN	WIE ES WEITERGEHT
FLIEGEN	MEER	NACHT
ALLEIN SEIN	BLUT	DIE TRENNUNG MEINER ELTERN
KARUSSELL FAHREN	UMZUG	

DIE LIEBE DEINER ELTERN IST IMMER FÜR DICH DA!

BRIEF AN DEINE MUTTER

DIESER BRIEF IST GEHEIM! Schreibe also auf einem Extrablatt oder klebe diese Seite hinterher zu.

Liebe Mama,

ich finde ...

Ich habe Angst davor, dass ...

Ich wünsche mir, dass ...

Am liebsten würde ich ...

Bitte mach ...

BRIEF AN DEINEN VATER

DIESER BRIEF IST GEHEIM! Schreibe also auf einem Extrablatt oder klebe diese Seite hinterher zu.

Lieber Papa,

ich finde ……………………………………………………………………

……………………………………………………………………………

Ich habe Angst davor, dass ……………………………………………

……………………………………………………………………………

Ich wünsche mir, dass ………………………………………………

……………………………………………………………………………

Am liebsten würde ich ………………………………………………

……………………………………………………………………………

Bitte mach ……………………………………………………………

……………………………………………………………………………

……………………………………………………………………………

……………………………………………………………………………

GEGEN PANIK – WENN DAS HERZ ZU DOLL KLOPFT:

- Ein Gummiband am Handgelenk – lass es flitschen, damit du dich spürst!
- Denk an etwas Blaues oder guck in den Himmel über dir!
- Atme in den Bauch!
- Höre deine Lieblingslieder.
- Sprich mit jemandem.
- Bleib in Bewegung – mach Kniebeugen.
- Mach einen Kopfstand!

Kennst du das: **DEIN ATEM GEHT SCHNELLER, DEIN HERZ KLOPFT, DIE OHREN SAUSEN?** Kein Grund zur Sorge! Denke schnell an etwas anderes, lenk dich ab. Es gibt ein paar einfache Mittel, die du gut überall und selbst anwenden kannst, wenn du spürst, dass Panik in dir aufsteigt. Übe das in »guten« Zeiten und spüre, wie stark du bist. Dann kannst du dich in doofen Situationen schneller daran erinnern.

DURCHATMEN

- Atempause: Atme tief und ruhig, konzentriere dich und zähle deine Atemzüge. Bei drei hältst du deinen Atem an, zählst insgeheim bis drei und atmest dann bis drei aus. Nach dem Ausatmen hältst du wieder die Luft für drei Sekunden an. Wiederhole diese Übung fünf Mal.
- Bauchatmen: Lege deine Hände auf deinen Bauch, etwa auf der Höhe des Bauchnabels, und schließe die Augen. Atme jetzt in den Bauch und bewusst gegen deine Hände ein und aus. Spüre, wie sich deine Hände heben und senken. Wiederhole diese Übung zehn Mal.

Emilias Geschichte

Die spielt sich voll auf und tut so, als sei sie meine Mutter. Dabei habe ich eine. Okay, die lebt in Spanien, und wir schreiben uns nur selten. Sie weiß noch nicht mal, dass ich Gitarre lerne und in Englisch eine Eins habe. Aber ich brauche niemanden, der mit mir redet oder »Frauengespräche« führt oder mir Pickelcremes kauft. Ich weiß alles, was ich wissen muss, wozu gibt es YouTube und Instagram? Und wie Aygen mich immer anschaut. So voller Mitgefühl und Verständnis. Sie findet es sooo toll, dass ich Veganerin bin, und ganz große Klasse, dass ich sooo toll Englisch spreche. Sie hat mich gefragt, ob ich ihrer Tochter Sara Nachhilfe geben möchte, aber dazu habe ich keinen Bock, auf dieses Familiengetue erst recht nicht. Aygen denkt, ich merke das nicht, aber sie will, dass wir uns alle gut vertragen. Wo doch Papa und sie nicht nur Wein trinken, sondern sich seit Neuestem küssen.

Sara spielt mit Javier und ihrer Hündin auch immer Vater-Mutter-Kind. Sie kocht Grassuppe für Javi und macht Mimi Zöpfchen. In ihrem Garten haben sich die beiden in der Spielhütte ein richtiges Zuhause eingerichtet, sogar mit Sofa und WLAN. Sara kann ja dort Netflix-Serien in der Originalfassung schauen, dann lernt sie auch Englisch.

Außerdem habe ich keine Zeit.

Ich lerne jetzt nämlich Spanisch, heimlich natürlich, mit einer App. Papa würde ausrasten, wenn er das mitbekäme. Seit Mama uns verlassen hat, ist er auf Spanien und die Spanier nicht gut zu sprechen, kein Wunder.

Und ich spare mein Taschengeld für ein Ticket. Irgendwann nämlich will ich Mama besuchen. Ich will mit ihr am Strand entlangrennen, Muscheln sammeln und mit dem Board auf den Wellen reiten, bis die Sonne untergeht. Dann holen wir Decken und Gitarren und machen Musik. Bis dahin übe ich die Akkorde und Rhythmen der Sevillanas. Das ist ein spanischer Volkstanz, ein bisschen so wie Flamenco, nur viel einfacher. Und viel fröhlicher. Hier in Deutschland ist alles so grau und trist und öde. Die Menschen hier haben alle keinen Spaß. Reden nicht miteinander, grüßen sich nicht, nur arbeiten, arbeiten, arbeiten. Oder sehen nur Probleme. Kein Wunder, dass Mama es hier nicht mehr ausgehalten hat.

Wut tut gut

WUT TUT GUT UND MUSS UNBEDINGT RAUS! Wenn du Wut spürst, erhält dein Körper ein Signal und produziert ein Stresshormon, Cortisol. Weil dein Körper schlau ist und weiß, dass es ihm nicht guttut, will er den Stress so schnell wie möglich loswerden. **DAS FUNKTIONIERT AM BESTEN, WENN DEIN KÖRPER IN BEWEGUNG IST.** Deshalb ist es völlig normal, dass du bei Wut anfängst zu zittern oder zu schreien oder zu weinen oder am liebsten wegrennen möchtest. Dich auf dein Bett wirfst und strampelst und wütend um dich trittst. Oder wild um dich schlagen möchtest. Du kannst deine Wut auch kreativ umwandeln, indem du zum Beispiel ein Bild malst, etwas zerknackst oder deine Wut in die Luft pustest.

Kritzelkratzelwutbildseite

Wutballons

- Schreibe auf, was dich wütend macht!

- Puste deine Wut in einen Luftballon!
  Zuknoten und mit einem lauten Knall platzen lassen.

- Du hast grad keine Luftballons?
  Zeitung zerknüllen und gegen die Wand werfen geht auch.

WUTSCHREI

Laut, lauter, am lautesten. **BIS DIE WÄNDE WACKELN** oder die Nachbarn klingeln. Oder geh in den Wald.

ANTI-WUT-BALL

Du brauchst:

- LEERE, SAUBERE PLASTIKFLASCHE
- TASSE MEHL (ODER REIS)
- LUFTBALLONS

Befülle die Plastikflasche mit Mehl, das geht am besten mit einem Trichter. Dann puste den Ballon auf und stülpe ihn über die Flaschenöffnung. Kippe nun die Flasche und lass das Mehl in den Luftballon rieseln. Vorsichtig den Ballon von der Flasche ziehen, überschüssige Luft entweichen lassen und zuknoten. Für mehr Haltbarkeit und Stabilität den zweiten Luftballon aufpusten und vom Knoten her über den gefüllten Ballon stülpen. Auch hier wieder die Luft entweichen lassen, zuknoten, fertig!

WIRF DEN BALL AN DIE WAND oder knete ihn in den Händen – so lange, bis deine Wut verraucht ist!

TIPP: Zur Entspannung kannst du mit dem Ball deine Arme, Hände und Schultern massieren.

LASS ES KRACHEN!

Wut rauslassen ist okay, dir oder jemand anderem wehzutun nicht.

Wenn du etwas zerstören möchtest, suche dir die passenden Materialien.

Was hilft dir, wenn du wütend bist?

ÄSTE 〉 KNACKEN

ZAHNBÜRSTE 〉 ZERBRECHEN

KISSEN 〉 DRAUFBOXEN

BALL 〉 SCHMETTERN

PAPIER 〉 IN KLEINE FETZEN REISSEN

STOFF 〉 ZERSCHNEIDEN

ZEITUNG 〉 ZERKNÜLLEN

ELTERNBESCHIMPFUNGSMASCHINE

Bist du so richtig **STINKWÜTEND** und **SAUER** auf deine Eltern? Mit diesen Schimpfwörtern kannst du deinem Ärger Luft machen. Und vielleicht auch drüber lachen ... **WELCHE FALLEN DIR NOCH EIN?** Bilde die verrücktesten Kombinationen aus den Wörtern auf der rechten Seite.

Stinkende Computersäge

Räudige Spinatwaffel

Giftige Kochlöffelkuh

Üble Kotzgurke

stinkende/r/s
schleimige/r/s
furzige/r/s
ätzende/r/s
poplige/r/s
depperte/r/s
eiternde/r/s
üble/r/s
gallige/r/s
räudige/r/s
triefende/r/s
madige/r/s
eklige/r/s
glitischige/r/s
faulige/r/s
müffelige/r/s
giftige/r/s
chaotische/r/s

+

Stink
Nerv
Blöd
Doof
Büro
Computer
Kochlöffel
Kotz
Dumm
Pups
Kack
Schleim
Popel
Arsch
Grün
Maske
Reifen
Gummistiefel
Mist
Müll
Käse
Blüte
Pilz
Spinat

+

Furz
Affe
Gurke
Säge
Frosch
Kobold
Lappen
Waffel
Depp
Knacker
Flasche
Sack
Gesicht
Po
Galle
Kuh
Huhn
Trompete
Koffer
Kuh
Fatzke
Virus
Loch

OHNMACHT

DIE TRENNEN SICH, LASSEN SICH SCHEIDEN, und **DU KANNST NICHTS DAGEGEN TUN**. Weil mit Kindern ja niemand redet und dich niemand nach deiner Meinung fragt. Das macht dich wütend, und du fühlst dich machtlos, du hast das Gefühl, als ob dir jemand den Boden unter den Füßen wegzieht.

Was bereitet dir Frust und Ärger?

Scheidung, Trennung, Schule,
Schlechte Noten, Alleinsein, Anerkennung
Aufmerksamkeit, Hilflosigkeit.
Ich kann eh nix tun. Keiner liebt mich.
Mich fragt ja keiner. Immer geht es nur um die.
Verlierer. Loser. Opfer. Mobbing.
Nichts können. Ich fühl mich alleine.
Kein Bock mehr.

Javiers Geschichte

Mama hängt über meinem Bett. Jeden Abend beim Einschlafen und jeden Morgen beim Aufwachen schaue ich auf den Traumfänger, den sie mir geschenkt hat. Ich weiß noch, wie sie beim Einschlafen zu mir gesagt hat: »Er bewahrt dich vor schlechten Träumen, behütet dich auf allen Wegen und ist an deiner Seite, wenn dich dein Mut verlässt.«

Am nächsten Morgen war sie verschwunden, und seitdem habe ich Mama nicht wiedergesehen. Sie ist zurück nach Spanien und lebt in ihrem alten Dorf am Meer, dort, wo es einen endlos langen Strand gibt und die Sonne immer scheint.

Ab und zu schreibt sie einen Brief. Manchmal legt sie Fotos von Pferden und weißen Häusern dazu, erzählt, dass es ihr gut geht und dass sie meine Schwester Emilia und mich sehr vermisst. Dann muss ich immer weinen, weil ich denke: So doll kann sie uns gar nicht vermissen, sonst wäre sie nicht einfach abgehauen.

Papa versteht das auch nicht. Er war lange Zeit sehr traurig und hat immer wieder versucht, Mama zurückzuholen. Irgendwann hat er aufgegeben. Er hat die Scheidung eingereicht und das »alleinige Sorgerecht« für Emilia und mich bekommen. Seitdem ist er wie ausgewechselt: Er hat immer gute Laune, steht morgens früh auf und macht Frühstück, kauft ein und kocht leckeres Mittagessen, kümmert sich um die Wäsche und alles im Haushalt. Niemand kann so toll Tröstelieder singen wie Papa, niemand kann so cool boxen, niemand macht so lustigen Quatsch.

Nur leider erlaubt Papa kein Haustier! Er findet, das ist zu viel Verantwortung und er hätte mit uns und seinem Job so schon genug zu tun, deswegen will er von einem Hund oder einer Katze nichts wissen. Was er nicht weiß: Die Hündin von meiner Freundin Sara hat gerade Junge bekommen. Sara ist in meiner Klasse, und oft gehe ich nach der Schule mit zu ihr in den Garten. Wir machen zusammen Hausaufgaben, hüpfen auf dem Trampolin oder pflücken Johannisbeeren oder Kirschen oder Bohnen oder alles zusammen.

Saras Hündin heißt Mimi. Mimi freut sich jedes Mal, wenn sie mich sieht, schleckt mich ab zur Begrüßung und lässt sich stundenlang von mir kraulen und streicheln.

Aygen, Saras Mutter, freut sich auch, wenn ich zu ihnen komme. Und wenn Papa beim Abholen noch einen Moment auf ihrer Gartenbank zu einem Glas Wein bleibt, freut sie sich erst recht. Das habe ich genau gesehen. Dann können Sara und ich noch eine Extrarunde auf dem Trampolin herumtoben und mit Mimi spielen.

Papa findet Aygen auch nett, aber von einem Hundewelpen in der Wohnung will er nichts wissen. Aygen findet das ganz vernünftig. Ich könne ja jederzeit zu ihnen kommen, Mimi streicheln und mit ihr Gassi gehen. Aber Papa und Aygen haben ja keine Ahnung! Ich will keinen Ausleih-Hund, ich will einen ganz für mich alleine. Einen, der nur mir gehört und immer bei mir ist. Ich muss ja sonst immer alles mit Emilia teilen. Mein Hund soll bei mir im Zimmer wohnen, auf meiner Bettdecke schlafen und mit mir beim Einschlafen kuscheln. Wie der Traumfänger soll er immer bei mir sein, jeden Tag.

Und dann ist etwas passiert: Beim Spazierengehen mit Mimi sind wir an einer verlassenen Scheune vorbeigekommen.

»Hörst du es auch maunzen?«, fragte Sara. Ohne zu zögern, schauten wir nach. Tatsächlich: Fünf Kätzchen taumelten durchs Stroh, von ihrer Mutter weit und breit keine Spur.

»Wir müssen sie retten!«, meinte Sara und wollte die Tiere gleich in ihren Rucksack setzen.

»Spinnst du? Damit sie alle ins Tierheim kommen?« Ich tockte mir an die Stirn. Ein kleines getigertes Kätzchen strich um meine Beine. »Na du, willst du zu mir?« Ohne weiter darüber nachzudenken, steckte ich das kleine Fellknäuel in meine Jackentasche. Mimi wuffte, sie hatte wohl nichts dagegen.

Und so kam es, dass mein Tiger jetzt auf mich aufpasst, wenn ich schlafe, und ich bin nie mehr alleine. Papa hat nur ein bisschen Theater gemacht und mir einen ellenlangen Vortrag über Pflicht und Verantwortung gehalten. Aber das kann er sich sparen. Ich würde mein Katzenkind nie im Leben im Stich lassen! Für die anderen Kätzchen haben Sara und ich inzwischen auch ein Zuhause gefunden.

Liebe ist wie Sonne

Es gibt so viele Arten von Liebe, wie es Menschen gibt. **JEDER LIEBT JEDEN ANDERS**, du liebst deine Mama auf eine Weise und deinen Papa vielleicht auf eine andere, und deine Eltern lieben dich wiederum so, wie du bist. Manchmal ist es nicht zu verstehen, warum Liebe auf einmal nicht mehr da ist. Warum zwei Menschen (deine Eltern zum Beispiel), die sich einmal sehr geliebt haben (sonst wärst du nicht auf der Welt), einander nicht mehr lieben (deswegen sind sie jetzt getrennt). **LIEBE IST TOLL UND VERRÜCKT – UND UNBERECHENBAR.**

Eine Sache aber ist so klar wie ein **KNALLBLAUER SOMMERHIMMEL**: Deine Mama hat dich lieb, wie dich nur deine Mutter lieb haben kann. Dein Papa hat dich lieb, wie dich nur dein Vater lieb haben kann. **IMMER.** Egal ob sie sich trennen oder nicht. Das ist wichtig zu fühlen, immer wieder. Für Elternliebe gibt es kein Wieso-Weshalb-Warum. Du bist ihr Kind, das ist die erste und einzige Begründung.

LIEBE IST EIN GANZ GROSSES, WUNDERBARES GEFÜHL, ES KRIBBELT IM BAUCH UND HÄLT DICH WARM.

LIEBESBRIEF

Liebe Mama,

○ Ich hab dich lieb von hier bis zum Mond und dreimal um die Erde und wieder zurück.

○ Du duftest immer so gut.

○ Du baust die besten ...

○ Du backst die besten ...

○ Am liebsten mag ich mit dir ...

○ Ich schenk dir meine Gummibärchen.

○ Ich kuschel gerne mit dir.

○ Ich mag es, wenn du mich kitzelst!

○ Ich kann dir (fast) alles erzählen.

○ Mit dir kann ich so doll Spaß haben.

○ Es macht nichts, wenn du mal schimpfst.

○ Ausflüge mit dir sind ...

○ Ohne dich kann ich nicht ...

○ Auf dich kann ich mich immer verlassen.

Dein/e ....

LIEBESBRIEF

Lieber Papa,

- ○ Ich hab dich lieb von hier bis zum Mond und dreimal um die Erde und wieder zurück.
- ○ Du duftest immer so gut.
- ○ Du baust die besten …
- ○ Du backst die besten …
- ○ Am liebsten mag ich mit dir …
- ○ Ich schenk dir meine Gummibärchen.
- ○ Ich kuschel gerne mit dir.
- ○ Ich mag es, wenn du mich kitzelst!
- ○ Ich kann dir (fast) alles erzählen.
- ○ Mit dir kann ich so doll Spaß haben.
- ○ Es macht nichts, wenn du mal schimpfst.
- ○ Ausflüge mit dir sind …
- ○ Ohne dich kann ich nicht …
- ○ Auf dich kann ich mich immer verlassen.

Dein/e ……………………………

Wenn du das Gefühl hast, deine Mutter oder dein Vater hat dich nicht lieb – frag sie doch! Warum spielst du nicht mit mir? Warum kuschelst du nicht mit mir? Warum hast du keine Zeit für mich? Hast du mich lieb? Und mach ihnen eine Liebeserklärung!

HERZCHEN ÜBERALL

- HAND AUFS HERZ
- HERZBILD MALEN
- LIEBESGEDICHT SCHREIBEN
- LIEBESGLÜCK-ZEILEN SAMMELN

Ricos Geschichte

Armir nervt, aber so was von. Er ist mein Bruder, ich sollte ihn lieben. Sagt Mo, mein Stiefvater. Es geht um die Familienehre und um Zusammenhalt. Deswegen hat er auch nichts dagegen, dass Papa jeden Samstag zum Teetrinken und Spielen zu uns kommt. Armir nervt trotzdem. Er ist fünf Jahre älter als ich, nur am Zocken und kommt nach Hause, wann er will. Überall lässt er seine Klamotten rumfliegen, verpestet das Badezimmer mit seinem Deo und räumt die Küche nicht auf, wenn er sich etwas zu essen gemacht hat. Mich piesackt er immer, aber nur dann, wenn die anderen nichts merken. Aber neulich habe ich ihn gerettet, reiner Zufall. Hinterher hat er sich bei mir bedankt, und seitdem ärgert er mich nicht mehr so oft. Im Shoppingcenter stand er mit seinen Kumpels vor dem Eiscafé rum, und ich hab gleich gemerkt: Da stimmt was nicht. Sie haben sich lautstark gestritten und sich geschubst, und plötzlich hatte der eine Armir in den Schwitzkasten genommen. So wie ich das mit meinem Kumpelfreund Jan mache. Mit dem Unterschied, dass das dann Spaßkloppe ist. Armir war schon ganz rot im Gesicht, er hat um sich getreten und gekeucht, aber er hat sich nicht befreien können. Da hab ich all meinen Mut zusammengenommen, bin zu den Jungs hin und habe ganz unschuldig gefragt, ob sie meine Mama gesehen hätten. Ich hätte mich verlaufen und jetzt wüsste ich nicht wohin, und außerdem hätte ich gerne ein Eis, aber kein Geld. Was dann passiert ist, glaubt mir kein Mensch: Sie haben Armir sofort losgelassen! Der Kleinste von ihnen hat mir sogar einen 5-Euro-Schein in die Hand gedrückt, dann hat sich die Bande ganz schnell davongemacht. Nur Armir stand da und wusste nicht, was er sagen sollte. »Danke« wäre ja ganz nett gewesen, aber so ein Typ wie er bringt das nicht über die Lippen. Ich hab ganz cool gegrinst und mir von dem Geld ein großes Schokoeis gekauft und ihm auch.

Mama kriegt von alldem nichts mit. Sie ist glücklich. Mit Mo. Und wegen dem Baby, das sie erwartet, ihr Bauch ist schon kugelrund. Auch wenn ich Armir zum Kotzen doof finde, bin ich froh, mit Mama bei Mo zu sein. Früher war sie immer ganz still und leise. Seit wir bei ihm leben, ist sie wie verändert. Sie lacht und hat gute Laune, die beiden verstehen sich wirklich prima. Ständig ist was los, wir bekommen viel Besuch von Mos Schwestern und Brüdern, Nichten und Neffen, im Sommer gehen wir alle gemeinsam in den Park zum Grillen, und Papa ist manchmal auch dabei. Er bringt dann seine neue Freundin mit, und wir spielen Fußball oder Wikingerschach, balancieren auf der Slackline oder liegen einfach nur gemütlich in der Sonne auf der Picknickdecke und spielen was. Sogar Armir macht dann mit. Er gibt sich neuerdings Mühe, nett zu sein, und hat mir gestern sogar sein Handy ausgeliehen.

Ich wünsch mir trotzdem eine Babyschwester.

Wenn der Körper streikt!

NA SUPER, du bist getrennt, geschieden und sollst trotzdem bitte so tun, als sei alles ganz normal und wie immer. Jeden Tag zur Schule gehen, deine Hausaufgaben machen, zum Sport gehen, Gitarre üben ... Aber gerade geht das nicht, weil dein Kopf und dein Herz mit ganz anderen Dingen beschäftigt sind, du ständig an die **SCHEIDUNG** denken musst und an die Frage: Was wird aus mir?

WENN ICH STRESS UND ÄRGER HABE, MACHE ICH ES SO:

- ○ Ich lasse mich trösten.
- ○ Ich gehe zu Mama.
- ○ Ich gehe zu Papa.
- ○ Ich bekomme Bauch- und Kopfschmerzen.
- ○ Ich zocke 'ne Runde auf dem Handy.
- ○ Ich halte mir die Ohren zu.
- ○ Ich suche mir jemanden zum Reden.
- ○ Ich muss irgendetwas kaputt machen.
- ○ Ich suche mir jemanden zum Ärgern.
- ○ Ich denke, das wird schon wieder.
- ○ Ich höre Musik.
- ○ Ich geh Sport machen.
- ○ ....

KÖRPERSIGNALE

KUMMER SCHLÄGT AUF DEN MAGEN, Streit macht Kopfzerbrechen, Probleme verschlagen einem die Sprache – kein Wunder, wenn du von der ganzen Trennungskacke Bauchweh bekommst. Oder **KOPFSCHMERZEN**. Wenn dir dein **HERZ WEHTUT**, weil du die Nase voll hast. Wenn du dich nicht mehr konzentrieren kannst, weil sich das **GEDANKENKARUSSELL** in deinem Kopf dreht. **DEIN SCHLAUER KÖRPER IST DER ÜBERSETZER DEINER SEELE** und zeigt, dass da etwas nicht in Ordnung ist. Deswegen ist es wichtig, in so einer Situation nicht einfach mit Medikamenten die Schmerzen zu verdrängen (was erst mal hilft, ohne Frage). Forsche nach den Gründen (was super-unangenehm ist). Manchen hilft auch das Gespräch mit einem Menschen, bei dem man sich alles von der Seele reden kann, was einen nervt, ärgert und bewegt.

Länger andauernde, schlimme Schmerzen gehören immer ärztlich abgeklärt!

Wann spitzt du die Ohren?
Was nimmt dir den Atem?
Was macht einen Kloß im Hals?
Was macht dir Bauchweh?
Was macht dir Gänsehaut?
Was willst du nicht sehen?
Wovon hast du die Nase voll?
Was lässt dein Herz höherschlagen?
Wann fühlst du Wut im Bauch?
Wann ballst du die Faust?

LENK DICH AB – MACH WAS SCHÖNES!

Wenn du das Gefühl hast, dass du vor lauter Kummer nicht mehr klar denken kannst, **BASTELE** etwas, das beruhigt. Wie wäre es mit einer **HAPPY BOX**, in der du ab sofort schöne Dinge aufhebst? Zum Beispiel einen besonders schönen Stein, ein Foto, deine Lieblingssüßigkeit, eine Postkarte ... Und immer, wenn du traurig bist, schaust du hinein. Du kannst auch einen Schuhkarton nehmen und ihn bunt anmalen und bekleben.

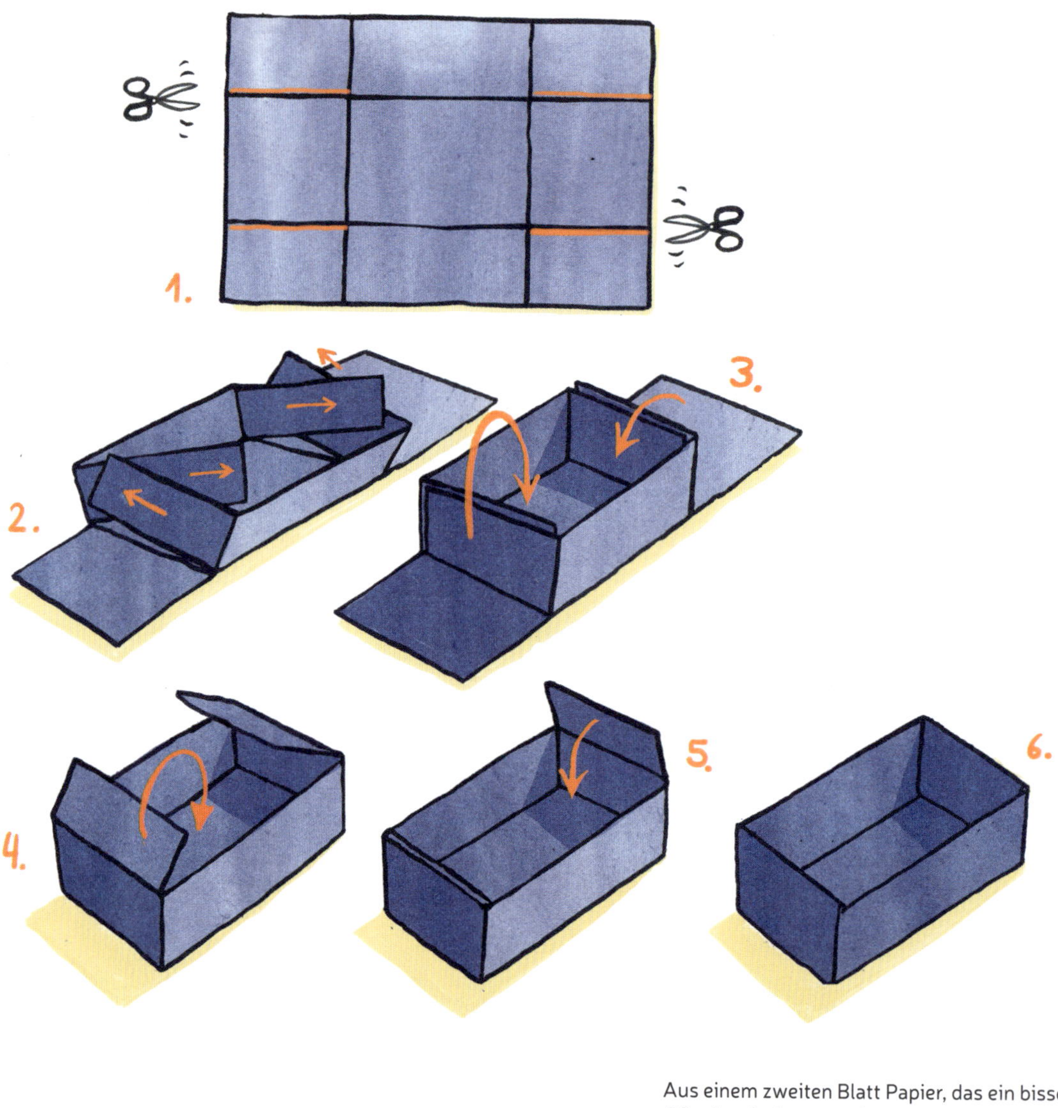

Aus einem zweiten Blatt Papier, das ein bisschen größer ist als das erste, kannst du dir auf gleiche Art und Weise einen Deckel für deine Box basteln.

Nikis Geschichte

Überall bekomme ich gerade mitleidige Blicke. In der Schule, beim Bäcker, im Judo: »Der arme Junge!« Die Leute denken, ich merke das nicht, aber ich sehe das in ihren Augen, ich bin doch nicht blöd. Sie gucken so, weil Mams und Paps sich scheiden lassen wollen und wir jetzt eine getrennte Familie sind. Sie machen sich alle Sorgen, weil ich schlechte Noten schreibe und nicht mehr viel Bock auf meine Hobbys habe. Aber hey, mal ehrlich: Haben die sich mal meine Schwester Alex mit ihren blauen Haaren angeschaut? Die geht seit Wochen nicht mehr regelmäßig zur Schule! Und im Training war sie seit Ewigkeiten nicht mehr.

Ich finde das ständige Kofferpacken und Wechseln ja auch doof. Aber viel doofer fand ich die miese Stimmung früher bei uns zu Hause. Ständig gab es Streit, Tränen und schlechte Laune. Jetzt lacht Mams wenigstens wieder, und Paps ist auch viel fröhlicher, seit er die neue Freundin hat und jeden Tag Pommes isst.

Vor allem liegt das an Tschaka, seinem neuen Hund, den er sich gleich nach Mams Auszug zugelegt hat. Erst war Mams sauer, sie hatte sich früher immer einen Hund gewünscht, und Paps hatte es verboten. Aber jetzt ist sie froh, dass *er* sich um die Kacktüten, Hundehaare und Tierarztbesuche kümmern muss und sie damit nichts zu tun hat. Ich find Tschaka süß und knuffelig, aber auch ein bisschen langweilig. Papas Hund will nämlich lieber Auto fahren statt Stöckchen holen und hat keine Lust auf Wettrennen. Dafür lässt er sich stundenlang von mir kraulen und beschmusen und leckt mir den Puderzucker von den Fingern, wenn ich mir den Bauch mit Paps' selbst gemachten Waffeln vollschlage. Bei Mams gibt es nämlich so gut wie keine Süßigkeiten, sie findet das ungesund, nicht nur wegen den Zähnen. Ein bisschen hat sie ja auch recht …

Mams ist überhaupt sehr streng und legt großen Wert darauf, dass ich gute Noten im Zeugnis habe. Sie fragt mich regelmäßig Vokabeln ab und erklärt mir Mathe, wenn ich mal wieder nichts kapiert habe. Meistens, wenn wir auf dem Abenteuerspielplatz sind und ich im Piratennest schaukele. Oder über die Hängebrücke balanciere. Oder rückwärts Judorolle übe. Echt jetzt, das geht.

Mams ist in Polen aufgewachsen. Sie musste sich als junges Mädchen ihre Ausbildung hart erkämpfen. In ihrer Familie ist es nicht selbstverständlich, dass Frauen einen Beruf ergreifen und arbeiten gehen. Deswegen hat sie auch oft Stress mit Oma, weil die ihr vorwirft, Schuld an der Trennung zu sein. Und auch an den blauen Haaren und an den schlechten Noten von Alex, und dass meine Schwester mit niemandem sprechen will. Mams ist dann beleidigt und sauer und streitet sich mit Oma.

Wenn ich sage, sie sollen aufhören zu streiten, weil wir genug Streit hatten, gucken sie ganz bedröppelt, gehen ins andere Zimmer – und streiten einfach weiter. Wegen Mams und ihrer Arbeit. Wegen Paps und seiner jungen Freundin. Wegen Alex. Weil Oma findet, dass wir keine richtige Familie mehr sind, und Mams hätte bei Paps bleiben müssen, komme, was da wolle, in guten wie in schlechten Zeiten.

Oma hat keine Ahnung, wie falsch sich Streit und miese Dauerstimmung anfühlen.

Und sie hat auch keine Ahnung, wie gern ich bei Mams bin. Oder bei Paps. Zwischendurch telefonieren wir oder treffen uns auf dem Abenteuerspielplatz oder gehen Eis essen. Einer von ihnen

ist immer für mich da. Früher hatten beide nie Zeit dazu! Als ich mir neulich beim Judo-Wettkampf eine Kopfverletzung zugezogen habe, saßen beide stundenlang bei mir im Krankenhaus. Aber sobald es mir besser ging, fingen sie wieder an zu streiten, und da war ich froh, dass ich mit Mams alleine nach Hause durfte.

Wie früher hat sie mir Apfelmus mit Zimt gekocht, und ich durfte bei ihr im Bett schlafen, sie hat mir vorgesungen und vorgelesen, und als die Kopfschmerzen vorbei waren, haben wir endlich wieder eine Kissenschlacht gemacht. Überhaupt kann man mit Mams prima raufen und kämpfen, früher war sie selbst Judoka, und sie hat noch etliche Tricks auf Lager. Sie ist viel mutiger als Paps und hat nicht mal vor Wildschweinen Angst. Denen sind wir neulich begegnet, als wir frühmorgens durch den Wald spaziert sind. Wir wollten nämlich zur Ritterburg und von dort aus den Sonnenaufgang beobachten, nur sie und ich. Plötzlich stürmte eine Bache mit zehn Frischlingen ein paar Meter entfernt an uns vorbei. Die Kleinen haben fürchterlich gequiekt und gestunken, ich habe erschrocken aufgeschrien – aber Mams ist einfach nur ganz ruhig stehen geblieben und hat gar nix gesagt. Sie hat mich an der Hand gefasst, dreimal tief durchgeatmet, und dann sind wir ganz langsam, Schritt für Schritt, rückwärtsgegangen. Die Bache hat uns die ganze Zeit über genau im Blick gehabt. Dann hat sie Mams zugeblinzelt, ich schwöre es, und dann ist sie seelenruhig weiter in den Wald marschiert. Und weil inzwischen die Sonne aufgegangen war, sind Mams und ich zum Waldsee …

Ich liebe diese Ausflüge mit Mams! Genauso, wie ich Paps' Waffeln liebe und die gemütlichen Kuschelnachmittage vor dem Fernseher, bei denen mir Tschaka auf dem Schoß sitzt. Deswegen packe ich sehr gerne alle zwei Wochen meinen Koffer.

Lies mal, wie es anderen Kindern geht!

So wie dir und Dila, Ben, Emilia, Javier, Rico, Niki und Alex geht es gerade **VIELEN KINDERN**. In deiner Stadt, in Deutschland und überall auf der Welt. Wenn sich ihre Eltern trennen, fühlen sie sich genauso durcheinander, alleine, traurig und müssen mit der Situation klarkommen. Und jede und jeder von ihnen macht das auf eine ganz eigene Weise. Die **BÜCHER** kannst du auf deine Wunschliste schreiben, dir von Mama oder Papa kaufen lassen oder in der Bibliothek ausleihen.

JUTTA NYMPHIUS: ALLE ZWEI WOCHEN

Gerade hat Martha angefangen mit Papa zu bauen, da kommt ihre Mutter und holt sie ab. Seit sich ihre Eltern getrennt haben, darf Martha nur noch alle 14 Tage zu Papa. Und so ein Spielzeug wird ja nicht schimmelig, sondern steht beim nächsten Mal noch da, sagt Mama. Das sieht Martha anders; schließlich fühlt sie sich manchmal einfach so »papalich« und nicht nur alle zwei Wochen von Freitag bis Sonntag …

Eine Geschichte von Liebe und Zusammenhalt, Sehnsucht und Vermissen.

RUTH LÖBNER: PAPA, JONAS UND DER TAUSCH-SONNTAG

Papa ist ein Riesen-Pechvogel! Immer wenn Jonas am Wochenende bei ihm ist, geht alles schief. Nach einem echten Pannen-

Samstag hat Jonas eine geniale Idee: Am Sonntag tauschen sie einfach die Rollen! Jonas ist Papa, und Papa ist Jonas. Das klappt richtig gut, bis die beiden an der Eisbude im Park eine böse Überraschung erleben.
Tolle Idee, die Sache mit dem Tausch. Und eine Feuerprobe für Papa in der Jonas-Rolle, weil er eine brenzlige Situation meistern muss.

GUUS KUIJER: WIR ALLE FÜR IMMER ZUSAMMEN

»Hier liegt Polleke, Dichterin, im Alter von elf Jahren an einer merkwürdigen Mutter gestorben.« In Pollekes Leben sieht es ganz schön kompliziert aus. Erst macht Mimun, der liebste Junge auf der ganzen Welt, mit ihr Schluss. Dann verliebt sich ihre Mutter bis über beide Ohren in Pollekes Lehrer. Und dann ist da noch ihr Papa, der ein Dichter ist, aber nie Gedichte schreibt …
Ungeschminkt komisch erzählt Polleke aus dem Leben ihrer wunderbaren Patchworkfamilie.

ANKE KUHL: ALLES FAMILIE!

Jeder kennt die sogenannte Bilderbuchfamilie, bestehend aus Mama, Papa und Kind(ern). Daneben gibt es aber auch viele weitere Formen des Familienlebens. Sie alle sind hier versammelt: Alleinerziehende, Patchworkfamilien in ihren verschiedenen Mixturen, Regenbogen- und Adoptivfamilien. Unterhaltsam und mit viel Humor geht es außerdem um Bluts- und Wahlverwandtschaften, um Einzelkinderglück, Geschwisterstreit und die Möglichkeit, die gleiche Nase wie Opa abzukriegen.
Durchblättern, warm aufgefangen und zu Hause fühlen! Alles Familie eben.

ANNA WOLZ: GIPS ODER WIE ICH AN EINEM EINZIGEN TAG DIE WELT REPARIERTE

Fitz und ihre kleine Schwester Bente sind unterwegs zur Wohnung ihres Vaters, als es passiert. Ein Sturz mit dem Fahrrad. Bente muss ins Krankenhaus und Fitz gleich mit. Statt zu sehen, wie ihr Vater seit der Scheidung der Eltern lebt, hat Fitz jetzt Zeit nachzudenken: Müsste die Ehe der Eltern nicht auch mal sechs Wochen in Gips? Vielleicht brächte das Mama und Papa wieder zusammen. Aber dann ist da plötzlich Adam, und Fitz verliebt sich – ein bisschen. So hat der Katastrophentag am Ende doch noch etwas Gutes.

Ernst und witzig zugleich, zum Heulen und zum Lachen.

OLIVER SCHERZ: KEINER HÄLT DON CARLO AUF

Papa verspricht immer alles Mögliche, hält aber selten Wort. Deshalb hat ihn Mama rausgeworfen, und so lebt Papa nun wieder in seiner italienischen Heimat und vertröstet seinen elfjährigen Sohn ein ums andere Mal. Doch Carlo will nicht länger warten, also macht er sich auf den Weg zu ihm nach Palermo. Ganz allein, im Nachtzug, im Taxi und mit der Fähre. Ohne Fahrkarte oder festen Plan. Bis er endlich vor der Tür seines Vaters steht ...

Eine Geschichte über einen Jungen, der nicht länger bereit ist, alles über sich ergehen zu lassen.

ANJA HITZ: FÜNF SIND SECHS ZU VIEL

Rose kommt gut damit klar, dass ihre Eltern geschieden sind. Aber dann verliebt sich ihre Mutter in den vollbärtigen, mega-chaotischen Frank, der sage und schreibe fünf Kinder hat. Alles Jungs! Rose ist entsetzt. Zum Glück entpuppt sich »Renée« dann doch noch als Mädchen – und als die beste Schwester der Welt.

Eine witzige, turbulente Geschichte über all das, was Familie und Freundschaft ausmacht.

JAN VON HOLLEBEN: UND WAS WIRD JETZT MIT MIR?

Ist eine Scheidung endgültig? Wo werde ich wohnen? Bleibt ihr trotzdem noch meine Eltern? Wenn du erfährst, dass sich deine Eltern trennen wollen, ist das erst einmal ein ziemlicher Schock, und du hast bestimmt viele Fragen. Da geht es dir genau wie den zwanzig Kindern in diesem Buch. Sie haben ihre Gefühle in den Bildern von Jan von Holleben ausgedrückt und wissen, was du gerade durchmachst. Aber sie wissen auch, dass man mit der neuen Situation zurechtkommen kann.

Trennung und Scheidung - die besten Antworten auf wichtige Kinderfragen.

Alex' Geschichte

Zu mir gibt's nicht viel zu sagen, und was andere über mich denken, ist mir egal. Dabei spür ich ganz genau: Die Leute reden. Über mich. Über meine Familie. Genauer gesagt über das, was sie einmal war. Früher lebten wir alle gemeinsam in einem Haus, Vater, Mutter, zwei Kinder, wir hatten eine Katze, super Urlaube und Geburtstagsfeiern, Kuschelnachmittage und Schlauchdusche, aufgeschürfte Knie und Krankennudeln, Laterne-Basteln und Lampen-Reparieren. Dann hat Paps immer mehr gearbeitet und Mams noch mehr, dann kam Streit und danach Schweigen, noch mehr Streit und noch mehr Schweigen, und als der Streit zu laut wurde und das Schweigen unerträglich, ist Mams ausgezogen. Ganz schnell ist das gegangen, Kartons gepackt und ein paar Möbel, zack bum, weg war sie, als hätte sie nur darauf gewartet, und Paps war einverstanden. Auch damit, dass Niki und ich nun abwechselnd bei einem von beiden wohnen.

Ob ich damit einverstanden bin, fragt ja keiner. Bin ich nämlich nicht. Ist doch voll doof, zwei Zimmer, zwei Zuhause, zwei Zahnbürsten, alle zwei Wochen Tasche und Schulsachen packen und nichts dabei vergessen. Bei dem einen gilt dies, bei dem anderen das. Ich blick da nicht durch und will es auch gar nicht.

Schon gar nicht, dass Paps ständig über Mams ablästert und mir erzählt, wie unorganisiert und launisch sie ist, dass sie immer ihren Kopf durchsetzen muss und einen anderen Mann hat.

Die Leute behaupten das auch, aber ich habe bisher noch keinen anderen Mann bei ihr gesehen. Dafür hat Paps eine ganz junge Freundin, aber deswegen reden

die Leute nicht. Komisch, oder? Dabei studiert sie noch, ernährt sich von Pommes mit Mayo, guckt nur Serien und hängt herum. Da ist sie wie Papas neuer Hund Tschaka. Der wäre auch lieber ein Faultier geworden.

Ich finde Mams prima, auch wenn sie mir mit ihrem Aktivismus manchmal auf den Zeiger geht. Ständig ist sie auf Achse. Organisiert Ausstellungen und Flohmärkte, geht zum Turnen, Tanzen oder Töpfern. Als ob sie endlich all das tun kann, was sie vorher nie hat machen können. Zeit für mich und Niki hat Mama immer.

Was die Leute sagen, interessiert sie nicht. Wenn ich ehrlich bin, finde ich es okay, ich mache ja auch, was ich will, und kümmere mich nicht darum, was die anderen über mich denken. Ist mir nämlich egal.

Genauso, wie mir Schule gerade total egal ist. Hallo, was interessieren mich negative oder irrationale Zahlen? Meine Welt ist gerade selbst so was von negativ und irrational! Ich kann mich überhaupt nicht konzentrieren und schreibe eine schlechte Note nach der anderen.

Paps findet, ich zocke zu viel, und hat mir neulich den Controller weggenommen. Was er nicht weiß: Man kann auch am Computer spielen, und chatten tun wir sowieso über die Handys. Der ist so was von 90er! Seine Passwörter kenne ich eh alle (die von Mams übrigens auch, weil ich ihr das WLAN eingerichtet habe), und natürlich hacke ich seinen Netflix-Account. Wenn er denkt, ich geh schlafen, gucke ich in Wahrheit irgendwelche Serien. Die mit der jungen erfolgreichen Schachspielerin hat mich besonders beeindruckt. So cool und intelligent möchte ich auch mal werden! Noch Tage später konnte sie sich an die ganzen Spielzüge erinnern …

Ich will mich lieber an nichts erinnern, ich will vergessen. Auch das vergangene Weihnachtfest, das war schrecklich. Alle haben so getan, als sei alles in bester Ordnung, dabei war die Stimmung eisig. Niemand konnte sich so richtig

über seine Geschenke freuen, niemand wollte Weihnachtslieder singen, noch nicht einmal der Kartoffelsalat und die Würstchen schmeckten. In dieser Nacht habe ich beschlossen, dass ich einmal alles anders machen werde, und gleich am nächsten Tag damit angefangen: Ich habe meinen Eltern erklärt, dass ich lieber bei Mams wohnen will, statt ständig zu wechseln. Ich habe alle meine Lieblingssachen in mein Zimmer geräumt, Poster an die Wand gehängt, drei Kuschelkissen und einen gemütlichen Sessel erbettelt. Mams und ich kochen jetzt oft gemeinsam und überlegen, ob wir in den kommenden Osterferien zusammen verreisen, nur sie und ich. Niki war traurig, weil wir uns jetzt nicht mehr so oft sehen und er alle zwei Wochen alleine bei Papa und seiner Freundin sein muss. Ehrlicherweise vermisse ich den Nervzwerg auch, aber nur ein bisschen. Paps sehe ich ab und zu an den Wochenenden, wie ich gerade Lust habe. Erst war Papa sauer, aber dann hat er eingesehen, dass es das Beste für mich ist. Weil jetzt viel mehr Ruhe in meinem Leben ist und ich mich in der Schule besser konzentrieren kann. Na ja, liegt vielleicht auch daran, dass ich viel weniger zocke ...

3. Kühler Kopf – Organisatorisches & Rechtliches

Deine Rechte

EGAL, WIE ALT DU BIST: Du hast ein Recht auf eine **EIGENE MEINUNG**, und **DIE MUSS ANGEHÖRT WERDEN**. Wenn einem Baby etwas nicht passt, hat es nur die Möglichkeit zu schreien. Du hingegen bist in der Lage, zu sprechen, zu malen oder eine Grimasse zu ziehen. Tu es! **SAGE, WAS DICH STÖRT!** Äußere deine Meinung, laut, klar und deutlich, vor allem wenn es um dich und die Trennung deiner Eltern geht. Bevor Erwachsene eine Entscheidung für dich treffen, müssen sie dich fragen, was du dir wünschst, was du brauchst und was du denkst. **DU BIST ALT GENUG.**

KINDER HABEN RECHTE! Die sind in der UN-Kinderrechtskonvention von 1990 aufgeführt.

DAS SIND DIE WICHTIGSTEN KINDERRECHTE

› **GLEICHHEIT** = Niemand darf dich benachteiligen, egal ob du ein Junge oder ein Mädchen bist, welche Hautfarbe du hast oder welcher Kultur oder Religion du angehörst.

› **GESUNDHEIT UND FÜRSORGE** = Deine Eltern müssen sich um dich kümmern, dir Liebe und Geborgenheit schenken. Du musst jeden Tag genügend Essen und Trinken bekommen und im Krankheitsfall die richtigen Medikamente.

› **LERNEN** = Du musst die Möglichkeit bekommen, zur Schule zu gehen, Lesen, Schreiben und Rechnen zu lernen.

› **SPIEL UND FREIZEIT** = Du darfst alles tun, was Kinder üblicherweise tun: spielen, toben, chillen, rennen, Spaß haben ...

› **FREIE MEINUNGSÄUSSERUNG UND BETEILIGUNG** = In allen Angelegenheiten, die dich betreffen, musst du befragt werden und hast du das Recht, mitzureden. Du darfst deine Meinung sagen, ohne Angst davor haben zu müssen, bestraft zu werden. Die Erwachsenen müssen dir zuhören.

› **GEWALTFREIE ERZIEHUNG** = Niemand darf dich schlagen, erpressen, dir seelische, sexuelle oder körperliche Gewalt antun.

› **BESONDERE FÜRSORGE UND FÖRDERUNG BEI BEHINDERUNG** = Dir darf durch deine Behinderung kein Nachteil entstehen, du hast das Recht auf Entfaltung und Förderung deiner Möglichkeiten.

Du hast ein Recht auf ein Privatleben. Und du hast ein **RECHT AUF GEHEIMNISSE!** Egal, ob Tagebuch, Briefe oder Nachrichten auf dem Handy – niemand darf ohne dein Einverständnis darin lesen. Auch in diesem Buch nicht.

DEIN RECHT ALS SCHEIDUNGSKIND

Bei einer Trennung bzw. Scheidung hast du ehrlicherweise nur ein Recht, nämlich das auf regelmäßigen ***Umgang** mit beiden Elternteilen. Alles andere klären die Erwachsenen unter sich. Je älter du bist, desto größeres Gewicht haben deine Wünsche in Bezug darauf. Die ***Richterinnen** oder **Richter** müssen deine Meinung anhören.

Trennungsmodelle

Was wird aus mir? Wo wohne ich, wenn sich meine Eltern trennen? Es gibt verschiedene Modelle, jedes hat Vor- und Nachteile. **JEDE FAMILIE, JEDE TRENNUNGSSITUATION IST ANDERS, UND DESWEGEN GIBT ES HIER KEIN RICHTIG ODER FALSCH.** Und kein Modell ist für die Ewigkeit. Was jetzt oder für ein paar Jahre gut läuft, bedeutet nicht automatisch, dass sich für dich die Dinge nicht irgendwann ändern können. Gut ist es, wenn es für die erste Zeit nach der Trennung ein paar klare Regeln und Absprachen gibt, an die sich *alle* halten. Das gibt dir Klarheit, Sicherheit und Vertrauen.

NESTMODELL

BEDEUTET: Du wohnst in eurer alten Wohnung und deine Mama und Papa ziehen abwechselnd bei dir ein.

VORTEIL: Alles bleibt für dich, wie es ist (Schule, Freunde, Sport, Alltag).

NACHTEIL: Kostet die Miete von drei Wohnungen (eine für dich, eine für Mama, eine für Papa).

Streitpunkt zwischen deinen Eltern: Das ständige Wechseln ist ihnen zu anstrengend.

GUT ZU WISSEN: Dieses Modell ist nur für eine Übergangsphase gut.

Ich bin eine Nesthockerin!

RESIDENZMODELL

BEDEUTET: Du wohnst bei einem Elternteil und siehst den anderen nur zu vereinbarten Zeiten.

VORTEIL: Du hast ein festes Umfeld (Schule, Freunde, Sport, Tagesablauf), das gibt dir Sicherheit. Wenn du Mama oder Papa dann siehst, habt ihre freie gemeinsame Zeit ohne Alltagstrouble.

NACHTEIL: Du siehst Mama oder Papa nicht im Alltag, es gibt also kein gemeinsames Aufstehen, Zähneputzen oder Zubettbring-Rituale. Und möglicherweise fehlt es an Geld.

Streitpunkt zwischen deinen Eltern: Wann und wie oft darfst du wo sein? Oft muss das vom Gericht geregelt werden, weil sich die Eltern nicht einigen können. Und der Elternteil, bei dem du nicht wohnst, muss für dich Unterhalt zahlen.

GUT ZU WISSEN: Du musst nicht entscheiden, ob du bei Mama oder Papa wohnen möchtest. Aber du darfst sagen, was du dir wünschst. Ein Verfahrensbeistand (siehe Seite 106) unterstützt dich dabei, und es geht dabei immer um dein Kindeswohl (siehe Seite 103).

WECHSELMODELL

BEDEUTET: Du wohnst abwechselnd bei einem Elternteil, hast also zwei Zuhause.

VORTEIL: Du siehst Mama und Papa gleich oft, ihr verbringt Alltag und gemeinsame Zeit, dein Umfeld (Schule, Freunde, Sport) bleibt. Wenn es funktioniert, ist das Wechselmodell für alle eine gute Möglichkeit, miteinander ein Familienleben zu teilen, wenn auch in getrennten Wohnungen innerhalb einer Stadt.

NACHTEIL: Du musst alle paar Tage umziehen, Koffer und Schulsachen packen, dich immer wieder auf die andere Wohnsituation einstellen.

Streitpunkt zwischen deinen Eltern: Es braucht genaue Absprachen und Organisation.

GUT ZU WISSEN: Du darfst sagen, wenn dir das ständige Wechseln zu stressig wird und du lieber nur bei einem von ihnen wohnen willst. Dann müssen deine Eltern eine andere Lösung finden.

In vielen Ländern wie Frankreich, Italien, Dänemark, Schweden, Spanien oder USA ist das Wechselmodell längst Gesetz.

Anwaltsdeutsch

Die wichtigsten Begriffe und was sich dahinter verbirgt. Für dich kurz und knapp erklärt, denn in Wirklichkeit ist das alles noch viel komplizierter.

TIPP: FRAGE SO LANGE NACH, BIS DU ALLES VERSTANDEN HAST.

ANWÄLTIN/ANWALT

Jemand, der die Rechte und Interessen seiner Mandanten (= Kunden) vertritt und sich mit Gesetzestexten und Paragrafen bestens auskennt. In einem Trennungs- und Scheidungsverfahren wichtig, um die Streitereien um Geld, Eigentum und das ***Sorgerecht** zu klären, wenn sich deine Eltern nicht einig werden. Meistens hat jede Seite ihre eigene Anwältin oder einen eigenen Anwalt.

JUGENDAMT

Hier arbeiten Menschen, die Eltern bei der Erziehung, Betreuung und Bildung von Kindern und Jugendlichen mit vielen Angeboten unterstützen. Wenn das ***Kindeswohl** gefährdet ist, du zum Beispiel nicht ausreichend versorgt wirst oder womöglich Gewalt erfährst oder zu wenig Geld für dich da ist, kommen und helfen sie.

KINDERSCHUTZVERFAHREN

Kinder haben das Recht, sicher und geborgen aufzuwachsen, ausreichend mit Essen und Trinken versorgt zu werden. Ist das ***Kindeswohl** gefährdet, schaltet sich das ***Jugendamt** ein und prüft, was zu tun ist, und hilft.

KINDESANHÖRUNG

Wenn Mama und Papa um das ***Sorgerecht** streiten und sich nicht einigen können, gibt es eine Kindesanhörung. Das bedeutet: Eine ***Richterin** oder ein **Richter** fragt dich nach deinen Gefühlen und nach deiner Meinung zur Trennung deiner Eltern – ohne dass Mama oder Papa dabei sind. Das ist in etwa so schlimm (oder nicht schlimm) wie ein Zahnarztbesuch. Hinterher gibt es Klarheit, und die Streitereien hören endlich auf. Deinen ***Verfahrensbeistand** kannst du vorher alles, alles fragen, was du über die Kindesanhörung wissen willst.

KINDESUNTERHALT

Deine Eltern müssen beide für Essen, Kleidung, deine Hobbys bezahlen, du hast also das Recht auf Unterhalt. Je nachdem, in welchem Trennungsmodell du lebst, können die Summe und wer was bezahlt unterschiedlich geregelt werden. Die Summe ist auch abhängig von dem, was Mama oder Papa verdienen. Um das zu regeln, gibt es ***Paragrafen**. Leider streiten getrennte Eltern oft über Geld und wer was wie wann zahlen muss, sodass eine ***Anwältin** oder ein **Anwalt** und eine ***Richterin** oder ein **Richter** dann für Klarheit sorgen müssen.

Wenn du zum Beispiel bei deiner Mutter lebst (Residenzmodell), zahlt dein Vater Unterhalt für DICH, nicht für sie. Das Geld geht auf das Konto deiner Mutter, damit sie für dich Essen, Kleidung, Schulsachen und Hobbys bezahlen kann. Wenn Väter oder Mütter keinen Unterhalt zahlen können oder wollen, wird das ***Jugendamt** aktiv und zahlt den Unterhalt auf Vorschuss.

KINDESWOHL

Im Falle einer Scheidung schauen alle auf das Kind. Obwohl sich alle ständig streiten und diskutieren, wollen sie nämlich trotzdem, dass es dir gut geht. Um zu prüfen, ob du okay bist, schaltet sich manchmal das ***Jugendamt** ein, oder eine ***Richterin** oder ein **Richter** trifft Entscheidungen in Sachen ***Sorgerecht** und ***Umgang**. Insbesondere der ***Verfahrensbeistand** ist für dich da.

Wenn Mama oder Papa mit dir ganz weit weg oder in ein anderes Land ziehen möchten, dürfen sie das nicht einfach tun. Dein Wohl gilt als gefährdet – weil du dann den anderen Elternteil nicht mehr regelmäßig sehen kannst.

MEDIATION

Eine Mediatorin oder ein Mediator sucht in einem Gespräch mit den Streitenden nach einer einvernehmlichen und individuellen Lösung für einen Konflikt, die für alle Beteiligten fair ist. Eine Mediation ist sehr hilfreich, vor allem wenn es um Vermögensfragen oder das ***Kindeswohl** geht.

PARAGRAF

Im Bürgerlichen Gesetzbuch (BGB) stehen Gesetze (= verpflichtende Regeln) für unser Zusammenleben. Das Zeichen § bedeutet Paragraf und ist eine Art Aufzählungszeichen in Gesetzestexten. Weil es so viele Paragrafen sind, werden sie nummeriert. Im Paragraf §1666 ist das ***Kindeswohl** beschrieben.

RICHTERIN/RICHTER

Eine Person bei Gericht, die nach Gesetz entscheiden darf und muss. Sie fällt ein gerechtes Urteil zwischen zwei Parteien. Im Strafrecht entscheidet sie zum Beispiel zwischen Freispruch und Haftstrafe. In Scheidungsangelegenheiten unter anderem über ***Sorgerecht**, ***Unterhalt** und ***Umgang**. Um ein faires Urteil fällen zu können, wird manchmal eine ***Kindesanhörung** angeordnet. Richterinnen und Richter wägen immer sehr genau und bedacht die Folgen ihres Urteils ab.

SORGERECHT

Im Normalfall sind beide Elternteile erziehungsberechtigt, deine Mama und dein Papa haben also das Recht, dein Leben mitzubestimmen und Entscheidungen zu treffen. Egal ob es sich um deinen Schulalltag handelt, welchen Sportverein du besuchst, wie oft du am Computer spielst, wann du zu welchem Arzt gehst oder was du mit Geldgeschenken machst. Solange sich deine Eltern vertragen, ist das auch kein Problem, im Idealfall besprechen sie es miteinander und finden gemeinsame Lösungen. Sie haben die Verpflichtung, sich um dich zu kümmern und gemeinsam für dich zu sorgen.
Schwierig wird es, wenn deine Eltern sich nicht einigen können und darüber streiten, bei wem du leben sollst. Dann kann es passieren, dass das Aufenthaltsbestimmungsrecht nur einem Elternteil übertragen wird, damit es *dir*

besser geht. Der andere Elternteil bekommt ***Umgang** zugesprochen. Wenn sich ein Elternteil nicht mehr ausreichend um dich kümmern kann, kann ihm das Sorgerecht entzogen werden.

THERAPEUTIN/THERAPEUT

Jemand, der dir hilft und mit dem oder der du über alles sprechen kannst. Wichtig zu wissen: Therapeutinnen und Therapeuten haben Schweigepflicht, sie dürfen niemandem etwas von eurem Gespräch sagen. Du kannst dir also alles von der Seele reden, was dich bedrückt! Sie können dir helfen, deine Gefühle einzuordnen oder mit Wut und Enttäuschung umzugehen.

UMGANG

Oder Umgangsrecht. Ist ein blödes Wort dafür, dass du das Recht hast, Mama oder Papa zu sehen, auch wenn du nicht bei ihr oder ihm wohnst. Umgekehrt haben auch sie das Recht, dich zu sehen, es sei denn, die ***Richterin** oder der **Richter** hat das anders entschieden. Wenn du aus bestimmten Gründen einen deiner Elternteile nicht sehen möchtest, hast du das Recht, Nein zu sagen. Meistens finden die Eltern jedoch eine gute Regelung für alle Beteiligten, manchmal muss eine ***Anwältin** oder ein **Anwalt** einen Vorschlag machen. Dein ***Verfahrensbeistand** vertritt dich und deine Interessen vor Gericht.

Wenn Mama und Papa zerstritten sind, helfen nur klare Regeln und Absprachen, zum Beispiel wird dann das *Umgangsrecht auf die Minute genau geregelt. Für dich als Kind ist das nicht wichtig, Hauptsache, du verbringst deine Zeit mit Mama oder Papa.

VERFAHRENSBEISTAND

Wird auch »Anwältin oder Anwalt des Kindes« genannt, weil sie oder er die Aufgabe hat, deine Interessen zu vertreten. Sie oder er steht also *immer* auf deiner Seite! Dein Verfahrensbeistand lernt dich bei dir zu Hause kennen und ist bei allen wichtigen Terminen dabei. Sie oder ihn interessieren deine Meinung und deine Vorstellungen in Bezug auf ***Sorge**- und ***Umgangsrecht**. Und ob es dir gut geht und du ausreichend versorgt wirst, sie oder er prüft also das ***Kindeswohl**. Dein Verfahrensbeistand vertritt dich und deine Interessen vor Gericht, nur in Ausnahmefällen kommt es zur ***Kindesanhörung** vor Gericht.

Niemand darf dich zwingen, deine Meinung zu sagen. Und schon gar nicht darf dich jemand mit Geschenken bestechen. Du allein entscheidest, was du sagen möchtest und was nicht. Du brauchst deswegen kein schlechtes Gewissen zu haben. Egal, wie Mama oder Papa das finden.

ZUGEWINN

Eine Ehe wird als eine Zugewinngemeinschaft betrachtet, es sei denn, es gibt eine andere vertraglich bindende Vereinbarung. Das bedeutet, dass gemeinsam erspartes Geld oder gemeinsam angeschaffte Dinge (Haus, Auto) geteilt werden. Egal, wer von beiden mehr verdient, mehr gearbeitet oder mehr im Haushalt gemacht hat. **DAS GELD MUSS ALSO GETEILT WERDEN.** Am Ende einer Ehe wird ein dicker Strich unter das gemeinsam erwirtschaftete Vermögen gemacht und gerecht geteilt.

Zwei Zuhause

MEIN ZIMMER BEI PAPA

Das finde ich toll:

Das finde ich blöd:

So oft bin ich hier:

MEIN ZIMMER BEI MAMA

Das finde ich toll:

Das finde ich blöd:

So oft bin ich hier:

ZIMMER TO GO

Ohne Frage ist es anstrengend, wenn du zwischen Mama und Papa hin- und herwechselst, egal ob es alle paar Tage oder für das Wochenende geschieht. Egal, ob du innerhalb eures Viertels verreist oder mehrere Hundert Kilometer weit in eine andere Stadt. Damit du dich an beiden Orten zu Hause fühlst, findest du hier ein paar Ideen und Tipps. Suche dir aus, was zu dir passt. Sozusagen für dein Zimmer to go.

Ich packe meinen Koffer und da gehören rein:

- TÜRSCHILD
- FOTO VON MEINER MAMA ODER MEINEM PAPA
- KUSCHELKISSEN/KUSCHELTIER
- HANDY
- KOPFHÖRER
- SPIELZEUG UND BÜCHER
- DIESES BUCH ☺
- ______
- ______
- ______
- ______

PACKE UND PLANE SELBST! Dann hast du den Überblick und alles dabei, was du brauchst. Spricht ja nichts dagegen, dass Mama oder Papa sicherheitshalber noch mal drüberschauen, ob du auch nichts vergessen hast (Unterwäsche, Zahnbürste, Schulkram).

(Termin-)Planung ist alles

FAMILIENHEFT

Wenn deine Eltern nicht mehr so gerne miteinander reden und du abwechselnd bei einem von ihnen wohnst, kann ein Familienheft helfen. **BESORGE DIR EIN NOTIZHEFT**. Darin kann jeder von euch Nachrichten für die anderen hinterlassen oder wichtige Termine eintragen, wie zum Beispiel Zahnarzt, Geburtstagsfeiern, Wettkämpfe, Klassenarbeiten oder Schulveranstaltungen. So bleiben alle informiert. Vielleicht besitzt du auch schon einen eigenen Schülerkalender? Darin kannst du alle wichtigen Termine eintragen.

Alles Klar,
Bis später!
Bitte üben!
MAMA TAG
Ja, Klar!
10:03
PAPA TAG
BITTE!
WICHTIG!
HALLO!
Denk dran...
Viel Spass beim Mathe-üben.
19:00
My Family
Bitte denk später an dein Sportzeug
10:00

FERIEN UND FEIERTAGE

Im Idealfall können deine Eltern miteinander anstehende Familienthemen besprechen und fair regeln: **GEBURTSTAG**, **OSTERN**, **WEIHNACHTEN** und natürlich die **SCHULFERIEN** müssen geplant und aufgeteilt werden. Noch besser: Sie fragen dich, wie du dir das vorstellst, und suchen mit dir gemeinsam nach einer guten Lösung. Oder du sagst, **WIE DU DIR DAS WÜNSCHST** und vorstellst. Leider klappt das nicht immer so gut, aber einen Versuch ist es wert. Und wenn es im ersten Trennungsjahr nicht klappt, versuche es im zweiten oder dritten wieder, wenn sich die Streitwogen und -schmerzen geglättet haben und deine Eltern wieder besser miteinander reden können.

SO FEIERN WIR

WEIHNACHTEN FRÜHER

WEIHNACHTEN HEUTE

OSTERN FRÜHER

OSTERN HEUTE

GEBURTSTAG FRÜHER

GEBURTSTAG HEUTE

Meine Ferienpläne:

In den Ferien bin ich
zwei Wochen mit Mama zelten.

Was machen, wenn ...

... MAMA ODER PAPA SICH NICHT AN ABSPRACHEN HÄLT?

Kann mal vorkommen, ist aber auf Dauer nicht in Ordnung und bedeutet nur noch mehr Stress und Streit. Sage, wie du das findest! (Wie war das: **DEREN STREIT!**) Und frage deinen Verfahrensbeistand oder eine andere Vertrauensperson um Rat.

... DU MAMA ODER PAPA EINFACH NICHT SEHEN MÖCHTEST?

Es gibt das **RECHT AUF UMGANG**, das bedeutet, deine Elternteile haben das Recht darauf, dich zu sehen. Es muss schon schwerwiegende Gründe geben, die gegen ein Treffen sprechen, und natürlich **KANN DICH KEINER DAZU ZWINGEN**. Sprich unbedingt mit Vertrauenspersonen und deinem Verfahrensbeistand darüber.

... WENN DU MAMA ODER PAPA SEHR VERMISST, ABER NUR SELTEN SIEHST?

Telefoniert, so oft ihr könnt, oder startet einen Videocall – all das sind Möglichkeiten, um sich nahe zu sein. Oder schreibt Briefe oder Postkarten, das ist viel persönlicher.

... MAMA ODER PAPA KEINEN UNTERHALT FÜR DICH ZAHLT?

Das ist nicht fair! Du hast ein **RECHT AUF UNTERHALTSZAHLUNGEN**. Doof wird es, wenn vor lauter Geldsorgen dein Alltag beeinträchtigt ist und du darunter leidest. Such dir Verbündete, die dich dabei unterstützen, für deine Rechte einzustehen.

... DAS GELD NICHT REICHT?

Eine Scheidung ist teuer und für keinen Beteiligten wirtschaftlich von Vorteil. Und vielleicht werden für dich viele Selbstverständlichkeiten (Eis, Urlaub, Shopping, Tablet, Sportklamotten) von nun an nicht mehr ganz so selbstverständlich sein, immer öfter wirst du hören: Dafür haben wir kein Geld, egal ob es um eine Kinokarte oder einen neuen Hoodie geht. Deine Grundversorgung jedoch sollte kein Problem sein, dafür ist hier in Deutschland gesorgt. In Zweifelsfällen springt das Jugendamt ein. Dafür brauchst du dich nicht zu schämen. **MACH EINFACH DAS BESTE DARAUS**, verkaufe zum Beispiel alte Spielsachen auf dem Flohmarkt und verdiene dir selbst etwas Geld dazu, um dein Taschengeld aufzubessern. Du könntest je nach Alter und Erlaubnis deiner Eltern mit dem Hund der Nachbarn Gassi gehen oder babysitten oder Prospekte austragen.

… **MAMA ODER PAPA DIR ALLES, ALLES ERZÄHLT UND DU DINGE HÖRST, DIE DICH VERWIRREN UND DIE DU GAR NICHT HÖREN MÖCHTEST?**

HALTE DIR DIE OHREN ZU. Und dann suche dir eine der folgenden Möglichkeiten aus. Oder alle auf einmal:

- Gehe jedes Mal aus dem Zimmer.
- Sage klar: »Ich will das nicht wissen. Dein Problem. Suche dir jemand anderen zum Reden.«
- Schenke ihr oder ihm ein Tagebuch zum Aufschreiben.

… ALLES ÜBER DEINEN KOPF HINWEG ENTSCHIEDEN WIRD?

Du hast das Recht, **DEINE MEINUNG** zu äußern und dich einzubringen! Mache Vorschläge und sage klar, was du dir wünschst. Ich-Botschaften (siehe Seite 124) helfen dir dabei.

… DU UMZIEHEN MUSST?

Wenn das die Entscheidung deiner Eltern ist, hast du kaum Möglichkeiten, etwas daran zu ändern. So bitter das klingt.

… DER NEUE PARTNER VON MAMA / DIE NEUE PARTNERIN VON PAPA DOOF IST?

Klar sind die Neuen doof. Aber sie sorgen auch dafür, dass Mama oder Papa wieder lacht und fröhlich ist, und das ist ja auch was wert, oder? Du musst die neuen Partner deiner Eltern nicht mögen. Aber **BITTE RESPEKTIEREN**. Mit der Zeit werdet ihr euch zusammenraufen.

… MAMA JETZT EINE FRAU LIEBT ODER PAPA EINEN MANN?

Es gibt viele Arten von Liebe, und die gleichgeschlechtliche Liebe gehört dazu. Man nennt das »schwul« bei Männern und »lesbisch« bei Frauen. Ihr seid dann eine Regenbogenfamilie.

… MAMA / PAPA DAUERTRAURIG IST?

Oder womöglich vor lauter Kummer anfängt, Alkohol zu trinken oder Tabletten zu nehmen? Bitte einen Erwachsenen **DEINES VERTRAUENS** um Hilfe und sage Mama/Papa, was du über ihr Verhalten denkst. Und mach dir klar: **DEREN SACHE!**

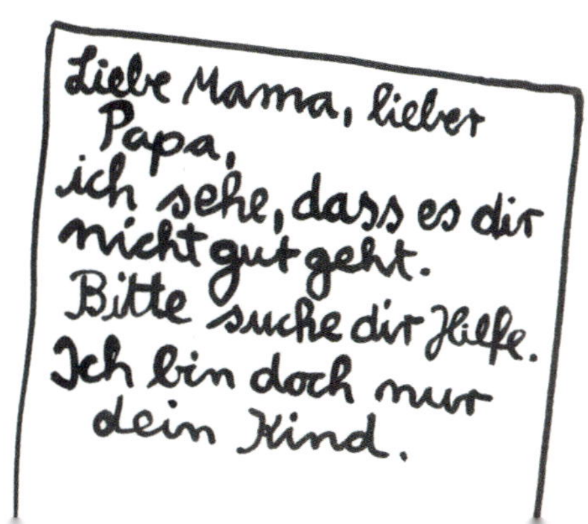

… DU »AM TAG DANACH« IMMER BAUCHWEH HAST?

Der Tag nach dem Wechseln fühlt sich immer doof an, egal ob du nach einer Woche oder einem Tag wechselst. Schließlich musst du dich wieder komplett auf eine neue Situation einstellen. Es hilft, wenn du deinem **NORMALEN TAGESABLAUF** folgst, mit Schule und Nachmittagsveranstaltungen und Freunden, das lenkt dich vom Kummer ab.

… SICH MAMA ODER PAPA NUR NOCH UM DAS NEUE KIND KÜMMERT UND DICH VERGESSEN HAT?

Erwachsene sind verrückt nach Babys – und Babys sind hilflose kleine Wesen, die ganz viel Aufmerksamkeit brauchen. Erinnere deine Eltern daran, dass es dich auch noch gibt. Und dass du ebenfalls ihre **AUFMERKSAMKEIT** brauchst. **GERADE JETZT.**

… DU GEBURTSTAG HAST, ABER DEINE ELTERN NICHT GEMEINSAM MIT DIR FEIERN WOLLEN?

Nach einer Trennung sind Eltern oft nicht gut aufeinander zu sprechen und gehen sich nach Möglichkeit aus dem Weg, auch bei **FAMILIENFEIERN** wie **GEBURTSTAGEN** und **WEIHNACHTEN**. Das ist blöd für dich. Meistens legt sich das mit der Zeit. Für den Anfang ist es deshalb besser, du feierst einmal mit Mama und einmal mit Papa.

4. Zukunftsstark & selbstbewusst

Hallo und tschüss!

NICHTS BLEIBT SO, WIE ES EINMAL WAR – dieser Spruch verunsichert und tröstet zugleich. Wenn sich alles verändert und du dich auf eine neue Situation einstellen musst (egal ob es die Trenung deiner Eltern ist, ein Schul-

wechsel oder eine neue Trainerin im Verein), ist das immer anstrengend. Und gleichzeitig eine **RIESIGE CHANCE**, Dinge zu gestalten. Stell dir vor, alles bliebe so, wie es schon immer war! Dann könntest du heute nicht alleine essen, lesen, schreiben, rechnen, nicht Rad fahren, kicken und balancieren. Deine Mutter wäre immer noch mit ihrer Schulhof-Liebe zusammen, hätte deinen Vater nicht kennengelernt – und es gäbe dich gar nicht. Und wie war das bei dir? Schau mal in dein Fotoalbum!

ABSCHIEDSRITUAL

Such dir ein paar Steine und schreibe mit einem Filzstift **ALLE DOOFEN GEFÜHLE** darauf, die dich in der Vergangenheit geärgert oder traurig gemacht haben. Dann wirf die Steine weg (in den Fluss oder hinter einen Busch) oder vergrabe sie im Garten oder im Park. **MUSS JA NIEMAND WISSEN!** Das ist dein persönlicher Abschied von allem, was doof war.

SO ISSES!

ALLES ANDERS, ALLES NEU, es geht voran. Aber **JEDER TAG WIRD LEICHTER**! Statt andauernd über deine Situation zu grübeln, mach lieber eine Bestandsaufnahme. Was war früher, und wie ist es heute? Was hat sich verändert, seit deine Eltern getrennt sind? Was ist besser geworden, was nicht?

	FRÜHER	HEUTE
Zeit mit Papa		
Zeit mit Mama		
Geschwister		
Freundinnen und Freunde		
Schule		
Oma und Opa		
Geld		
Spielsachen		
Klamotten		
Computerzeit		
Freizeit		
Hobbys		
Streit		
Stress		
Ferien		
Freizeit		

Wir sind hier nicht bei „Wünsch dir was", sondern bei „So isses"!

Reden, Streiten und Versöhnen

Erzähl den Menschen in deinem Umfeld, was gerade mit dir los ist, wenn dir danach ist. Vor allem deinen **BESTEN FREUNDINNEN UND FREUNDEN**. Sie werden dich verstehen, vielleicht kennen einige von ihnen die Situation. Es gibt so viele Kinder, deren Eltern sich trennen oder scheiden lassen. **MACHT GEMEINSAME SACHE! HALTET FEST ZUSAMMEN!**

ICH-BOTSCHAFTEN

»ICH« IST EIN GANZ WICHTIGES WORT. Vor allem, wenn es darum geht, **DEINE INTERESSEN** zu vertreten. Sage klar, was du willst oder brauchst.

MEINE MEINUNG ZUM THEMA TRENNUNG IST:

- ◯ Ich will keinen Streit.
- ◯ Ich will nicht zwischen meinen Eltern hin- und hergeschubst werden.
- ◯ Ich will meine Ruhe.
- ◯ Ich will, dass ihr mir zuhört!
- ◯ Ich will, dass ihr nicht wegen mir streitet.
- ◯ Ich will mein eigenes Zimmer.
- ◯ Ich will Papa/Mama öfter sehen.
- ◯ Ich will das nicht hören.

Das alles macht mich froh:

Das alles nervt mich:

... dass alles schön ist
Freiheit
Vertrauen
Gutes Essen
Ich versteh dich.
Jemand, der mich in den Arm nimmt
Ich steh hier schon immer.
Verlässlichkeit
Klare Regeln
Kekse
Kreativität
Bücher

Ich brauche ...

Musik
Frieden und Ruhe
ein eigenes Zimmer
Sonnenschein
Selbstbestimmung
höre dir zu.
Menschen in meiner Nähe
ein Haustier
Ordnung
Action
Spaß
Freunde
Bewegung

NEIN-SAGEN

Du hast das Gefühl, **DA STIMMT WAS NICHT**. Oder etwas geschieht gerade, womit du überhaupt nicht einverstanden bist. Jemand entscheidet etwas gegen deinen Willen. Jemand fasst dich an, und du magst das nicht. Du spürst genau: Das ist nicht in Ordnung. Das gefällt mir nicht. **DANN SAG LAUT NEIN!** Vertraue dich unbedingt jemandem an und hol dir Hilfe. **DU BRAUCHST DESWEGEN KEIN SCHLECHTES GEWISSEN ZU HABEN.** Schau mal in den Spiegel: Wie siehst du aus, wenn du Nein sagst?

Reden ist in Streitsituationen nicht immer so einfach. Schreib dir einfach auf, was du sagen willst, und zeig deinen Eltern die Rote Karte. Zum Beispiel als Stoppschild:

EUER STREIT!
ICH BIN HIER DAS KIND!
ICH HAB EUCH LIEB!
DAS IST KEIN ARSCHLOCH! DAS IST MEIN PAPA!
DAS IST KEINE DOOFE KUH! DAS IST MEINE MAMA!

WICHTIG, WICHTIG: Wenn ihr euch so sehr gestritten habt, dass die Funken fliegen und Türen krachen, ist es hinterher umso wichtiger, dass ihr euch wieder versöhnt. Umarmt euch, trinkt eine Tasse Kakao oder sagt: **SCHÖN, DASS WIR UNS WIEDER VERTRAGEN!**

Ich bin stark

KRAFTTIER

WELCHES TIER FINDEST DU TOLL?

Hat es die gleichen Eigenschaften wie du, oder wärst du gerne so?

MALE DEIN KRAFTTIER AUS!

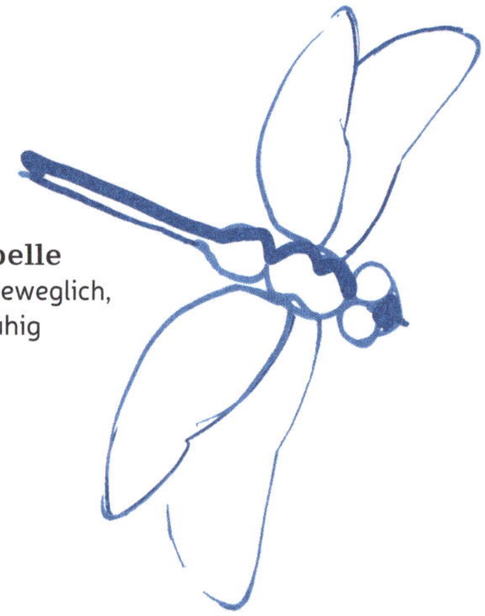

Libelle
leicht, beweglich, ruhig

Hirsch
unabhängig, selbstbewusst, charismatisch

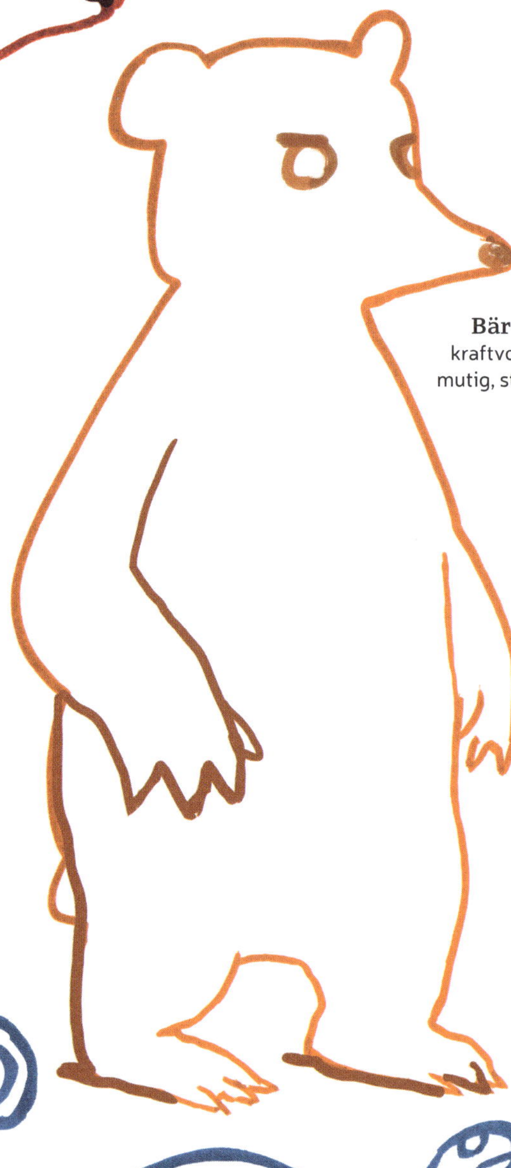

Bär
kraftvoll, mutig, stark

Katze
sanft, gefühlvoll, selbstbestimmt

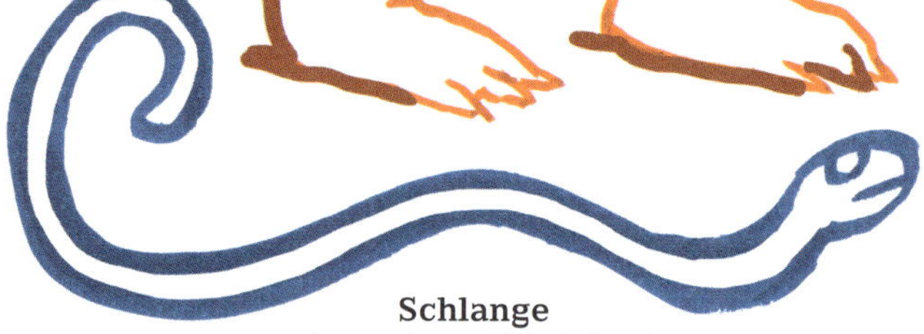

Schlange
elegant, beweglich, heilend

Rabe
intelligent, clever,
verspielt

Adler
klar, frei, mutig

Pferd
gefühlvoll, frei, dynamisch

Marienkäfer
feinsinnig, fröhlich,
optimistisch

Schmetterling
fröhlich, leicht,
beweglich

Eichhörnchen
flexibel,
vorausschauend,
gerecht

Schwan
lebendig, eigensinnig,
instinktiv

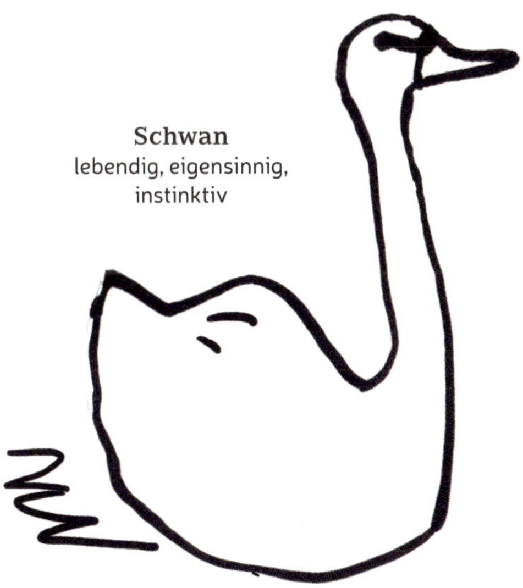

Wolf
schlau, fürsorgend,
sachlich

RENNEN

BALLSPORT

NAGELLACK

ALL DAS MAG ICH: MEINE LIEBLINGSDINGE

OMI ....

OLIVEN

ESSEN

BLUME ....

HOBBY

LAND

MUSCHELN SAMMELN

MAMA

BUCH

ZAHL

FARBE ....

BAUM

EIS

LESEN

OPI

VOGEL ....

MUSIK

MALEN

MUSIK HÖREN

TANZEN ....

PAPA ....

TRINKEN

HASI

TEE

....

FACH

SPRACHE

TIER

RENNAUTOS

RAUFEN

HÜHNER

....

SCHOKOBRÖTCHEN

DUFT

ICH BIN ICH

IN DIR STECKT GANZ VIEL GUTES! Schreibe zu jedem Buchstaben deines Vornamens eine **POSITIVE EIGENSCHAFT** auf. Am besten auch auf einen Zettel, den du immer bei dir trägst. Sozusagen ein Spickzettel. Oder bastele dir ein großes Plakat. Oder ein Türschild. Dann weiß gleich jeder, mit wem er es hier zu tun hat!

KRAFTBAUM GESTALTEN

Stell dir vor, **DU WÄRST EIN BAUM!** Male oder schreibe auf, **WAS DICH ALLES AUSMACHT**: Die Wurzeln geben Halt, der Stamm Kraft, die Knospen stehen für die Ideen, die du in dir trägst, die Blüten symbolisieren deine Träume, und die Früchte zeigen alles, was du kannst.

SCHOKOLADENSEITEN

NOBODY IS PERFECT, und wer ist schon normal? **WAS IST SCHON NORMAL?!** Eltern haben natürlich immer was zu meckern, die der anderen Kinder auch. Lass dich nicht kirre machen. Wenn du deine Schokoladenseiten kennst, kann dir keiner was! **ICH KANN …**

BEFLÜGLER- UND ENERGIERÄUBER-TRENNUNGS-ANLAGE

MANCHMAL FÜHLST DU DICH SO SCHLAPP, als hätte dir jemand den Stecker gezogen. Und dann wieder könntest du vor lauter **ENERGIE** tausend **PURZELBÄUME** am Stück machen. Trenne mal die Dinge, die dir guttun und die dich beflügeln (Daumen hoch), von denen, die dir Kraft rauben und dich fertigmachen (Daumen runter). Das können Aktionen sein, Themen, aber auch Menschen.

MATHE

ZOCKEN

OMA

ROSINEN

UMZUG

PFERDE

KITZELN

PAPA

EIS

MUSIK

TANZEN

STREIT

FUSSBALL

KATZEN

ZEICHNEN

MAMA

PILZE

MILCH

SPORT

AUSFLÜGE

TRAMPOLIN

VIDEOS

FREUNDE

SCHOKOLADE

Blick nach vorne

Zu einer Trennung oder Scheidung kann auch ein Umzug gehören, weil deine Mutter oder dein Vater einfach nur weg von ihrem alten Leben will, einen neuen Job hat oder einen neuen Partner oder alles zusammen.
Für dich hat das den Nachteil, dass du von deinem bekannten Umfeld Abschied nehmen musst, deine Schule, deine Lehrerinnen und Lehrer, Freundinnen und Freunde nicht mehr täglich siehst.

Es hat aber auch den **GROSSEN VORTEIL**, dass du schmerzhafte Erinnerungen und alte Konflikte **HINTER DIR LASSEN** kannst. Auch wenn es sich

vielleicht zunächst nicht so anfühlt, liegt darin eine ganz **GROSSE CHANCE**. Ganz bestimmt findest du auch in der neuen Schule, im neuen Verein rasch Anschluss und neue Freundinnen und Freunde.

WER GEHÖRT JETZT ALLES NOCH ZU DEINER FAMILIE?

Weil jetzt alles **BUNT** zusammengemixt ist – Väter, Mütter, mehrere Geschwister, viele Omas und Opas aus unterschiedlichen Familien –, spricht man von einer **PATCHWORK-FAMILIE**. Regenbogen-Familie bedeutet übrigens, dass zwei gleichgeschlechtliche Partnerinnen oder Partner mit Kindern zusammenleben. Auch das kann deine neue Familienform sein.

CHECKLISTE FÜR DEN NEUEN / DIE NEUE VON MAMA ODER PAPA:

- ◯ Kocht gut
- ◯ Total blöd
- ◯ Ganz okay
- ◯ Kennt sich mit Internet & Co. nicht aus
- ◯ Macht Mama / Papa froh
- ◯ Lacht viel
- ◯ Tatscht mich gegen meinen Willen an.
  (Darf er/sie nicht! Wehr dich und sag sofort Bescheid (siehe auch Seite 128).
- ◯ Hilft nicht im Haushalt
- ◯ Hat doofe Kinder
- ◯ Hat nette Kinder
- ◯ Will mich erziehen
- ◯ Unternehmungslustig
- ◯ Sportlich
- ◯ Total kreativ
- ◯ Dick und hässlich
- ◯ ....
- ◯ ....
- ◯ ....
- ◯ ....
- ◯ ....
- ◯ ....
- ◯ ....
- ◯ ....

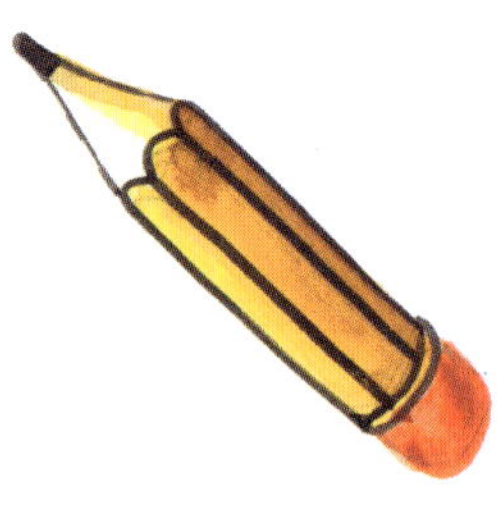

Love is in the air

Papas neue Freundin nervt!

Kann passieren, dass nach einer Trennung nicht gleich genügend Geld da ist, um dir ein eigenes Zimmer in der neuen Wohnung zur Verfügung zu stellen, oder du musst dein Zimmer mit jemandem teilen. Suche dir eine Ecke für dich und deine Spielsachen aus und vereinbart Zeiten, in denen du den Raum ganz für dich alleine haben darfst.

Die fröhliche Seite

Male alles bunt und fröhlich an und/oder schreibe auf, was dich froh macht!

Wunschzettel

Du hast drei Wünsche frei!

1.

2.

3.

KLECKS-ORAKEL

KLECKSE MAL RUM und überlege, welche Bedeutung dein Bild haben kann. **WAS SIEHST DU?**

GEHEIME GEHEIMSEITE

Hier kannst du **ALLES AUFSCHREIBEN** und **AUFMALEN**, was du schon immer einmal loswerden wolltest, was aber bisher in diesem Buch keinen Platz gefunden hat. **UND DANN KLEBE DIE SEITE ZU. FÜR IMMER!**

Alles Gute!

Trennung/Scheidung ist ein Prozess, der über viele Monate und Jahre gehen kann, vielleicht erinnerst du dich eines Tages als erwachsener Mensch an diese Zeit. Abschied nehmen ist immer eine traurige Angelegenheit und gleichzeitig die Möglichkeit, Neues zu beginnen!

DANKE!

DAS LEBEN IST VERÄNDERUNG ...

... und nichts bleibt mehr so, wie es einmal war. Auch wenn sich das im ersten Moment einfach nur schrecklich anfühlt, erwachsen daraus neue Chancen. Das habe ich beim Entstehen dieses Buches immer wieder erfahren dürfen, denn ohne eine Trennung würden wir es heute nicht in dieser Form in den Händen halten.

Angefangen hat alles mit der Idee zu einem Scheidungsbuch für Kinder auf der Buchmesse 2017, an mich herangetragen von Monika Osberghaus vom Klett Kinderbuch Verlag, die nicht wissen konnte, dass ich mich gerade selbst von meinem Mann getrennt hatte und meine Kinder plötzlich Trennungskinder waren. Geplagt von Zweifeln, Sorgen und schlechtem Gewissen ihnen gegenüber und gleichzeitig mit der Klarheit, dass die Trennung der richtige Schritt für mich war, habe ich mich sogleich an Konzept und Text gesetzt und alles aufgeschrieben, was mir dazu durch den Kopf ging. Wochen und Monate der Recherche folgten, begleitet von Diskussionen und Überlegungen, was wohl die beste Form für solch ein ambitioniertes Buch sein könnte. Doch irgendwann haben Monika und ich gemerkt: Wir mögen und schätzen uns zwar sehr, aber unsere Vorstellungen sind zu unterschiedlich. Schweren Herzens haben wir uns getrennt und von einem gemeinsamen Projekt Abschied genommen. Monika Osberghaus ist es zu verdanken, dass ich ihre Idee, aus der mittlerweile mein Konzept und Text gewachsen war, bei einem anderen Verlag veröffentlichen konnte.

Und so ist daraus dieses Mut- und Mitmachbuch geworden, das Regina Kehn in ihrem unvergleichlichen Stil illustriert und mitgestaltet hat. Ein Feuerwerk von Bildern. Danke vor allem für die fröhliche Seite! Viele weitere Personen sind an der Entstehung dieses Buches beteiligt. So habe ich Verfahrensbeistände, Scheidungsanwältinnen und Scheidungsanwälte, Kinderpsychologinnen und Kinderpsychologen interviewt, mit betroffenen Kindern und Eltern gesprochen. Ich danke dem Kinderschutzbund Groß-Gerau für die eingehende Beratung und die Bestärkung, mich ganz eindeutig auf die Seite der Kinder zu stellen. Rechtsanwältin und Notarin Hannah-Silvia Heise für Nachhilfe in Sachen Paragrafen und Anwaltssprache. Sheila Kroner für die aufmerksame Lektüre und hilfreichen Tipps aus der Sicht einer Kinder-Psychotherapeutin, Christine Wörsching vom Netzwerk Literaturpädagogik für die Buchtipps.

Meiner Lektorin Silvia Bartholl, die akribisch Wort, Illustration und Inhalte begleitet, und Gunta Lauck, die Text- und Bildschnipsel zu einem Ganzen zusammengefügt haben. Vor allem danke ich aber dem Programmleiter Frank Kühne des Carlsen Verlags, der mit dem ihm eigenen Enthusiasmus dieses Buch schließlich so einzigartig auf den Weg gebracht hat.

Und natürlich ginge ohne meine Kinder gar nichts, denn sie zeigen mir jeden Tag aufs Neue, dass zum Großwerden Trennungen und Veränderungen dazugehören.

Ilona Einwohlt, im Dezember 2021

BIOGRAFIEN

ILONA EINWOHLT schreibt seit vielen Jahren Bücher und findet, dass Kinder und Jugendliche gar nicht stark und selbstbewusst genug sein können. Aus eigener Erfahrung weiß sie, dass Trennung und Veränderung auch eine Chance sind. Die Autorin lebt mit ihren Kindern und Lieblingskater Gin in Darmstadt.

REGINA KEHN wurde in Hamburg geboren und studierte an der Fachhochschule für Gestaltung in Hamburg Illustration. Seit 1988 ist sie als freiberufliche Illustratorin für verschiedene Verlage und Zeitschriften tätig und wurde für ihre Arbeit mehrfach ausgezeichnet.

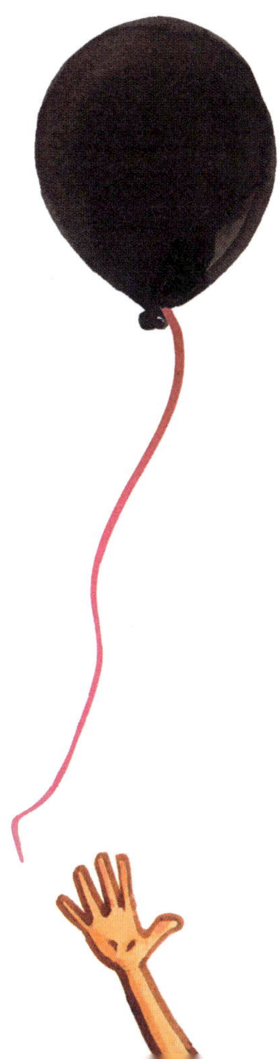

CARLSEN NEWSLETTER
TOLLE LESETIPPS KOSTENLOS PER E-MAIL
CARLSEN.DE

Konzept und Text: Ilona Einwohlt | Illustration: Regina Kehn | Lektorat: Silvia Bartholl, Frank Kühne
Gestaltung und Herstellung: Gunta Lauck | Lithografie: Margit Dittes, Hamburg
ISBN: 978-3-551-25068-1

CARLSEN-BÜCHER GIBT ES ÜBERALL IM BUCHHANDEL UND AUF CARLSEN.DE